企业持续增长之道

朱坤福 著

中国商业出版社

图书在版编目（CIP）数据

企业持续增长之道/朱坤福著. —北京：中国商业出版社，2023.7
ISBN 978-7-5208-2472-9

Ⅰ.①企… Ⅱ.①朱… Ⅲ.①企业管理-研究 Ⅳ.①F272

中国国家版本馆 CIP 数据核字（2023）第 119187 号

责任编辑：管明林

中国商业出版社出版发行
（www.zgsycb.com　100053　北京广安门内报国寺1号）
总编室：010-63180647　编辑室：010-83114579
发行部：010-83120835/8286
新华书店经销
三河市三佳印刷装订有限公司印刷

*

880 毫米×1230 毫米　32 开　10.25 印张　215 千字
2023 年 7 月第 1 版　2023 年 7 月第 1 次印刷
定价：69.00 元
*　*　*　*
（如有印装质量问题可更换）

经营企业的人,一般都希望企业业绩飘红、利润充裕、基业长青,总是憧憬并向所有人描绘着企业宏伟的未来。但理想很丰满,现实很骨感。

现实告诉我们,中小企业的平均寿命只有2.5年,集团企业的平均寿命也只有七八年。特别是新冠疫情过后,许多中小型的民企都面临着这样一种情况:市场下滑,利润减少,成本飚升,陷入了低速甚至下滑的发展泥沼。

最近,我接触到一个规模在1亿元左右做数码产品的企业,老板几次和我感慨地说:"公司已经连续三年没挣到钱了,而且形势越来越差,怎么办!"其实,很多企业管理者都已经发出了这样的疑惑。企业的理想与现实似乎渐行渐远,怎么办?

任何一家公司在发展中都在演变着成功与失败,那么,什么样的企业才算是成功的?答案很直观,只要企业利润能够保持长时间的增长，那就可以被看作是成功的。由此可见，持续增长才是企业长青的最根本基础！

那么，作为一名企业的管理者，在管理企业的时候，应该从哪几方面努力，实现企业利润的持续增长呢？

1. 找准企业的核心业务

找准核心业务，就是给企业找准定位、找准发展方向。仔细观察，不难发现，那些能够获得长期利润增长的企业，都有自己明确的核心业务。

这个核心业务的判断，必须依靠对企业系统而全面的分析，找到企业最具竞争力的产品组合，瞄准最有市场潜力的目标消费群体，发掘最具优势的技术领域，根据这些才会获得最准确的定位。

拥有清晰的核心业务，就可以为企业发展创建一个坚不可摧的平台；反之，企业就会失去方向和目标，就很难使对力，从而错过很多机遇。

2. 为核心业务挖掘潜力

要实现利润的增长，必须不断挖掘核心业务潜力，使之长期保持活力。那么，该如何判断这个核心业务是否足够强大，它还有没有继续发展的潜力呢？这里有一个非常重要的衡量标准，就是看企业的这项核心业务占有多少市场，是否处于行业中的领先位置。

如今，很多市场占有率远超对手或正在赶超的企业，都会获得持续增长的利润。企业要想充分发掘核心业务的潜能，首先要从成本入手，控制好成本才能提高生产效率；其次，对产品技术的创新也会增加市场竞争力；最后，为产品拓展销售网络，增加产品和服务的附加值，都是行之有效的方法。多数企业会利用多种组合，强化自己的核心业务，发掘业务潜力。

3. 为核心业务"开枝散叶"

单一的盈利增长点是无法带来长久利润的，所以企业在发展核心业务的同时，要进一步扩展与之有密切关系的业务。通过这些相关的业务，给核心业务带来更多发展助力；通过对细分市场的拓展，给核心业务带来更大的利润空间。

所谓"相关业务"，就是和核心业务能够实现"共享"的相邻业务。比如，与核心业务有共同的受众群体，需要同等水平的技术和能力，可以分享共同的销售渠道，需要面对共同的竞争对手等。这些业务要按"共享"程度分成不同的等级，作为核心业务的"枝叶"，为其发展提供助力。

4. 学会给核心业务"变装"

在当今市场环境下，永远不变的就是变化，任何一个企业都逃不开这样的时代洪流。因此，要想利用核心业务扎根市场，就要具备应对风云变幻的能力。

很多因素都会给行业带来不稳定，比如政策、高新技术、低成本模式等。想要生存，就要学会适应外部市场的变化，适时给核心业务"变个装"，让核心业务保持最引人注目的姿态。

行业动荡是企业无法避免的冲击，只有紧跟市场变化，不断重新定义核心业务，才会成为行业的赢家。

朱坤福
2023年5月25日夜于朱氏药业集团总部

第一章
领导力：企业持续发展的驱动力

遵从商业信仰，为情感账户充值 / 003

找回感恩之心和慈悲之心，释放充沛的能量 / 007

成为明星管理者，为事业锦上添花 / 010

建立合作思维，利益与风险共担 / 013

一流的管理者都是一流的教练 / 018

直击核心，用价值观管理企业 / 020

快乐的管理者，打造快乐的团队 / 022

只有分得清楚，才能合得长久 / 025

树立企业标杆，让价值观具体化 / 029

独特的企业文化才是核心竞争力 / 032

懂得换框的智慧，危机之中含转机 / 034

管理者有个性，品牌才会与众不同 / 036

第二章

运营智慧：为企业注入倍增因子

去除多余环节，打造扁平化管理模式 / 041

合理管理预期，影响企业当下的发展 / 046

增加关键"一度"，"温水"变"开水" / 049

打造高附加值，获取更多的利润 / 051

打破过去的框架，寻找于己有利的切割策略 / 053

凡事都速度领先，企业才业绩倍增 / 055

跳出企业看行业，整合上下游产业链 / 057

调配彼此资源，形成抱团取暖的生态圈 / 060

做企业需要广泛测试，不要在黑暗中摸索 / 062

讲好故事，轻松传递我们的理念 / 064

运用杂交优势，塑造企业的竞争魅力 / 068

懂得卖点升级，自然商机无限 / 070

打破产业边界，开创没有竞争的蓝海 / 072

第三章

团队管理：凝神聚力创出合作辉煌

果断清除"病毒"，保持团队的健康 / 077

弄懂人性，才能更好地使用众人的才能 / 079

激发员工的主动性，让他们带着希望工作 / 084

人才是团队的中流砥柱，应给予足够的重视 / 087

主动出击，一定能找到合适的"牛人" / 092

从长远发展来看，过程和结果同样重要 / 096

目 录

统一全员认识，打造企业的执行力系统 / 099

员工有良好的表现，就应该快速给予奖励 / 104

建立"例行策动"，持续提升团队士气 / 108

掌握"选人沟通"技巧，甄选高级人才 / 112

给离职的员工"换框"，观念立即不一样 / 117

让员工自己定目标，引导他奋发有为 / 121

提供良好的自主管理氛围，实现"无为而治" / 125

维护团队生态环境，是企业做强做大的根基 / 129

建立良好的培训机制，给员工提供学习机会 / 134

通过有效的训练，普通人也能成为签单高手 / 139

第四章
产品力：培养无法抗拒的品牌魅力

发现别人需求的能力，就是你赚钱的能力 / 147

没有最好的市场，只有经过验证的市场 / 150

锁定客户的核心需求，倍增产品的销售力 / 153

客户的终极渴望，决定产品的呈现形态 / 156

产品投向市场前，先找到客户的"伤口" / 159

一流营销卖的是商品，而不是产品 / 161

清晰的产品定位，才利于推广和传播 / 165

只要有扎实的后端，就大胆地在前端让利 / 169

有了两端带动，中间的产品自然好卖 / 172

聚焦在某一个点上，胜过多点撒网 / 174

塑造产品的唯一性，否则只能拼价格 / 177

强调"人无我有",吸引客户购买 / 180

集中所有优势,打造自己的"尖刀" / 183

不要销售产品,要销售思维模式 / 187

制定定价策略,聚焦目标客户的改变 / 190

第五章

营销之道:实现业绩增长的终极手段

打通销售流程,让赚钱机器自动运转 / 199

借塘打鱼,选对"鱼塘"很重要 / 201

加注"润滑油",让销售流程更顺滑 / 204

放大"漏斗口",网入更多潜在客户 / 207

营销不是"卖产品",而是"卖信任" / 209

FABE 销售:卖点与需求点间的桥梁 / 213

以标题吸引眼球,用文案俘获人心 / 218

持续输出价值,打造你的自媒体 / 221

打造明星身份,让粉丝免费推销 / 226

传播机制越强,品牌效应就越强 / 229

做一个好广告,不断赢得理想客户 / 234

微信营销:大胆尝试,细心运作 / 239

病毒营销:让信息疯传 / 243

期待营销:先锁定客户再布局商品 / 247

免费营销:一场皆大欢喜的盛宴 / 250

借势营销:搭乘"热点"的顺风车 / 256

尖刀营销:集中优势兵力打歼灭战 / 259

跨界营销：企业要敢于打破常规 / 262
会议营销：花哨外表下的成功关键 / 266

第六章
客户管理：企业不断壮大的重要原因

管理客户数量和质量，把控销售行为的有效性 / 275
树立一个共同的"敌人"，把客户拉拢过来 / 278
描绘客户心中的梦想，赢得客户的信赖 / 281
做价值塑造的高手，激发客户对产品的向往 / 283
善用沟通技巧，满足客户的心理需求 / 288
对客户动之以情，加快其做出购买的决定 / 291
滴水不漏的成交主张，才能让客户无法拒绝 / 293
要想赢得更多客户，不妨使用零风险承诺 / 295
以赠品来配合核心产品，加强客户的购买欲 / 298
重视客户的终身价值，使企业的收益最大化 / 301
要想获得高额利润，必须把握好三大支点 / 302
不增加成本的情况下，也能实现利润倍增 / 305
线上线下双向借力，O2O 模式立体爆破 / 311

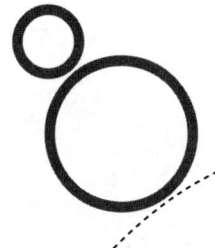

第一章

领导力：企业持续发展的驱动力

领导就是要带领其他人走到他们从未去过的地方，激励人们获取他们认为是能力以外的东西，取得他们认为不可能取得的成绩。而领导力则是指一种能够激发团队成员的热情与想象力，引导团队成员全力以赴去完成企业成长目标的能力，是一家企业持续发展的驱动力。

第一章 领导力：企业持续发展的驱动力

遵从商业信仰，为情感账户充值

在当今社会，人与人之间除了受到社会契约和组织契约的约束，还存在另一种十分重要的隐性契约关系。这种不成文的隐性契约并非在某一特定时刻订立，而是在长期的交往和交易中不断累积的，是一种不成文的"备忘录"，是一种无须借助明确语言来表达的"无声的契约"，包括诚信、可靠、正直、为他人服务等道德品质。当我们遇到危机时，隐性契约能够帮助我们应对危机，所以也有人把它称为"情感账户"。

品德和操守是一个人的软实力，对于企业领导者而言，这可不只是人品的问题，而且可以直接左右其在整个商业社会里的所有交易成本。企业领导者应该将这种软实力当成自己的商业信仰去坚守！

假如我们用银行中的存款与取款来比喻人际关系中的相互作用，那么存款可以建立关系、修复关系，而取款则会使关系变得疏远。

人与人相识之时，彼此之间就会在心里开设一个"账户"。实际上，在交往过程中，我们的所作所为无非就是"存款"或"取款"。我们可能控制不了别人，但能控制自己的思想、语言和行为，从而产生为对方账户存款的实质行动。

只要我们为对方账户持续"存款"，就可以获得对方的好感和信任，扩大你自己的影响范围。情感账户和真正的银行账户一样，我们平时投入得越多，能支取出来的也就越多。

其实，我们每个人的心中都有一杆秤，都在下意识地经营自己的情感账户。我们的一句话、一个行为，或者表达出的某种情绪，都会产生连锁反应。假如我们是发自内心地真正关心和爱护对方，就相当于向对方的情感账户里"存款"；反之，假如我们只站在自己的立场，做出损害对方利益的事，那就相当于从别人那里"取款"。当"存折"里的"钱"被取光时，我们就再也不可能从对方那里获得任何帮助和支持，这往往就意味着一段关系的结束。

作为企业管理者，要建立起和谐、良好的人脉关系，这样在你需要的时候，才能获得更多人的帮助。所以，你需要持续地在情感账户中积累如理解、礼貌、信用、真诚、仁慈、助人等，为自己的情感账户充值，这可以让别人对我们更信赖，加深彼此之间的感情。

我们要特别注意的是，千万不要去做那些在情感账户进行大额"取款"的事情，如贬低他人、在工作中推诿责任、在出现问题后寻找借口、无视他人的困难等。这些行为对情感账户的伤害极大，你需要花费非常多的情感"存款"才能弥补。

你所做的一切，终究会回到你身上，这是一条颠扑不破的真理。当我们真心为他人付出和奉献的时候，最后真正获利的也是我们自己。

假如我们希望交到真心朋友，就必须先对朋友付出真心；假如我们希望快乐，那就先将快乐带给别人，我们很快就会发现自己也越来越快乐。我们可以为自己做得最好的一件事，就是去为别人多做点好事，己之所欲，广施于人。

下面是向情感账户存款的几种方法：

（1）有同理心：想要让他人理解我们，我们首先要理解他人，多为他人着想，特别是要学会站在他人的立场、角度去分析和处理问题。

（2）注意细节：在工作和生活中一些看上去好像无伤大雅的小细节，如不经意地失言等，其实恰恰最容易消耗情感账户里的"存款"。无论是谁，哪怕他外表看上去再坚强，内心可能仍保有一份柔弱细腻的情感。

（3）信守诺言：守信是一笔巨额收入，而背信弃义则是一项巨大的支出，其代价通常会远远超出其他任何过失。信任既重要又脆弱，如果我们在他人心中失去信用，那通常就很难再次建立起良好的互信关系。因此，切忌轻易许诺，一旦作出承诺，我们就必须信守诺言。

（4）表达期望：我们常常对别人有所期待，这往往会产生一种误解，我们会认为即使不明确告知对方，对方也能猜到我们心里在想什么。遗憾的是，现实的情况并非如此！这往往也是信任出现问题的原因之一。我们应当明确地提出要求和期望，将所有能想到的相关事项都摆到桌面上来进行沟通，这样往往可以更容易找到解决问题的办法，同时也不易引起误会。

（5）诚恳、心怀善意：有礼有节，有诚恳的态度，心怀善意是一项重要的"存款"。不在背后说长道短，始终对他人保持尊重，这样更能够获得他人的信任。

（6）勇敢道歉：假如自己的行为引发了一系列不好的事情，

切忌百般推诿和找借口，而是要向当事人诚恳地表达歉意，这样做通常也会赢得对方的谅解。

（7）以情动人：人是受情感支配的生物，切忌一天到晚板着脸只讲道理，正确的道理往往不能真正触动一个人。在和他人的相处中，我们应该投入真情实意。感动一个人不一定需要巨大的投入，很多时候只需要一个热情的问候、温暖的笑容、坚定的眼神，就能够在他人的心里洒下一片阳光。

（8）赞美和鼓励他人：当同事或下属在工作上取得成绩时，我们不妨多给他们一些真心的赞美和鼓励。此外，认真倾听下属的意见也是一种很好的鼓励方式。在实际工作中，很多下属抱怨的大多并不是工作有多辛苦，而是自己的意见和建议没能得到应有的重视。如果我们能够在工作中经常与下属沟通，对他们的意见表达足够的尊重，无疑会是一件令他们心情愉快的事。

当然，诸如言语粗鲁、态度轻蔑、威逼、失信等会让他人产生不愉快情绪的行为，也会减少个人情感账户的"余额"。假如我们平时总是忽略对人脉、感情的积累，或是对自己的一些不良行为不加改善，那么我们的情感账户最终将会透支，我们之前维护关系时所花费的精力可能全部付诸东流。

我们应该养成在情感账户里少"提款"多"存款"的习惯，这样在关键时刻才能获得所需的支持和帮助。

不管别人如何对待我们，我们都不要放弃梦想、丢弃美德。坚守自己的商业信仰，坚持做诚信、善良、正直的自己吧！

找回感恩之心和慈悲之心，释放充沛的能量

我们无论做什么事情都需要能量，如果想要做成一件大事，那就需要更多的能量。世界上所有能够获得成功的人，通常都拥有充沛的能量。

那么问题就来了，有些人的能量常常不足，有些人的能量却异常充沛，能量的源泉到底在哪里呢？

感恩之心和慈悲之心就是能量的源泉。

"人之初，性本善"，从小我们的父母就教育我们：做人要善良、礼貌、真诚待人，那时我们眼中的世界很美好。

随着年龄渐长，我们不断遇到一些人、经历一些事，我们会经受挫折甚至受伤，于是我们为了保护自己，就为自己戴上面具、穿上铠甲、关上心门。然而，只有付出真心，才会得到真心，但是也可能被伤得彻底。与他人保持距离虽然可以保护自己，却注定会孤独。所以，很多人"坐青春两岸，看时光流逝"。

有的人以为保护自己的最佳方式就是主动去攻击别人、指责别人，将一些错误的原因归于别人。在这个过程中，我们的心逐渐变硬，爱人的能力慢慢消失，久而久之，铠甲长在了身上，与我们的肉身融合在一起，我们越来越感觉不到快乐，心中的能量越来越少，梦想离我们越来越远。

为了荡涤心灵的尘埃，我们必须找回最初的那份感恩之心和慈悲之心，才能释放出大能量。

多一分抱怨和指责，就会多消耗一分能量；而多一分感恩和慈悲，就会增加一分能量。少一些偏执之心和分别之心，慈悲之

心和感恩之心才会充盈胸臆。

何谓慈悲之心？慈悲之心就是怜悯、同情他人的心，亦即同理心和同情心。慈悲之心是一颗敏感、鲜活、柔软的心，一旦我们的心中充满慈悲，就会发现眼下正在做的事情很神圣，也就开启了能量之源。

然而，需要特别注意的是，空有慈悲之心而不能付诸行动，久而久之，巨大的能量也会把你压垮，也就是我们常说的"理想很丰满，现实很骨感"，从慈悲之心到"心太软""很受伤"仅一步之遥！有些人会变得郁郁寡欢、多愁善感，更有甚者还会丧失慈悲之心，关闭心门，变成一只冷血动物。

所以，当你满怀慈悲之心时，一定要马上计划、立刻付诸行动，切勿在等待中白白耗费宝贵的能量、信心与热情。你也许会突然发现，自己的才能似乎获得了成倍的增长。

身处职场的我们除了要有慈悲之心，也不要疏忽了感恩之心。感恩是我们做人的根本，是一切成功的前提，只有学会了感恩，我们才能够在生命的旅途中，在奔赴前程的道路上披荆斩棘，到达心中的彼岸。

人生一世，不如意之事十有八九，如果我们遇到不如意的事，成天惴惴不安，那生活就索然无味了。相反，如果我们拥有一颗感恩的心，善于发现事物美好的一面，感受平凡中的美丽，那我们就会以坦荡的心境、开朗的胸怀来应对生活中的酸甜苦辣，让原本平淡乏味的生活焕发出迷人的色彩，我们就会感受到生活中的友爱、幸福和快乐。因此，感恩首先给我们带来的就是快乐。

第一章　领导力：企业持续发展的驱动力

俗话说："滴水之恩，涌泉相报；衔环结草，以报恩德。"这是中华民族的优秀传统美德。一个知恩图报的人，一个懂得感恩的人，他的心是真诚的，品质是善良的，道德是高尚的。生活中只要我们懂得感恩，人与人之间就会充满友善，世界就会更加灿烂，生活中就会拥有更多温馨。所以，感恩之心还能让我们获得更加良好的人际关系。此外，拥有一颗感恩之心还能够让我们拥有更强的责任感。现实生活中，不求上进、损人利己，比比皆是。如果我们懂得感恩，就不会做出违背自己良心的事情，也就不会有那么多的烦恼和痛苦。懂得感恩心中会充满对他人的责任感，就不会为了追求物质的丰富，让自己的精神越发空虚。

拥有感恩之心和慈悲之心的人做事往往十分专注投入，心无杂念，这种状态我们俗称"有感觉"，具体表现为废寝忘食、无师自通、始终很快乐。一个人在这样的巅峰状态下，更可能超常发挥，创造卓越成果。

感恩之心和慈悲之心是能量之源，它们引发的神圣感，正是我们做事情的终极动力，这是经营个人之"势"最好的时机！

我们都应该保护好自己的能量之源，同时引导团队去持续不断地引爆大能量。在此，我的建议是，我们和员工一起在例会时可以分享以下内容：

①每个人说出自己从小到大打动内心的十件事情；②每个人找出自己最想感谢的十个人，并说出原因；③分享多年来最让自己内疚、后悔的三件事，从中学到了什么；④分享多年来最让自己感动的一个人或一件事；⑤自己现在决定采取的三项行动是什么。

感恩之心和慈悲之心能够点亮我们的心灯，让身边的人都有如沐春风的感觉；一个关怀的眼神，一个友善的微笑，一次有力的握手，都能滋润我们的内心。

成为明星管理者，为事业锦上添花

没有一个人会将自己的未来寄托在一个不修边幅的"穷鬼"身上。作为企业领导者，假如你可以成为员工心目中的偶像，甚至成为业内的明星，这无疑将大大提升你获得成功的速度！

那么怎样才能成为明星管理者呢？事实上，这并不难。

1. 成为所属领域的专家

有些企业领导者耗费了大量的时间和精力去博出镜率，像赶场一样参加各种论坛和行业活动。这样或许可以结识一些业内人士，在圈子中混个脸熟，但这是远远不够的。

原因何在？这是因为所谓明星凭借的是光环，而专家靠的则是硬实力。作为企业管理者，假如你拥有某一领域过硬的专业能力，必须真正将自己的企业经营好，这样才能避免"盛名之下，其实难副"的情况。这就好比一位唱功不好的歌手，就算经常上电视节目，也不可能赢得更多粉丝。

成为专家的前提是有真功夫。我们不妨静下心来仔细想想自己的拿手绝活是什么。或许是资深的"塑形美体教练""豪车保养专家"，或许是"网络营销高手""投融资专家"，或许是"95后创业成功的代表""善于打造团队的高手"，甚至是"营销策略高手"等。

另外，我们还要敢于承认自己是专家，而不只等着别人来认可自己。

2. 提升演说能力，深入一线

想要成为明星管理者，就必须具备影响别人想法的能力。而想要影响一群人的想法，最佳的方法就是发表演说。

发表演说同时也是向公众展示企业形象、价值观、品牌文化和拓展业务的最佳方式。

一般来说，企业管理者在做演说时，不要直接推销产品，而是要尽量多分享企业的价值观和文化，以及企业的做事方式与原则等。每一次演说，我们都要以最佳的形象、最饱满的激情，为听众讲述自己真实的人生经历，这样才会更具感染力。

除此之外，一家企业，如果要想紧跟市场，最好的办法就是企业管理者到一线去，只有这样才能掌握市场的第一手资料。

3. 先成为"自明星"

想要成为明星管理者，你可以借助自媒体的手段，先成为"自明星"。所谓自明星，就是"个人通过自媒体成为让大众熟知的某个领域的名人"。专注于某个领域，通过分享个人经验、观点等方式，将自己塑造成该领域的明星，通过人格魅力与专业能力去吸引粉丝，扩大自身影响力。

自明星的打造有以下五个步骤：

（1）形象定位

形象定位，即明确自己想要成为哪个领域的专家，这样做便于我们将有限的精力投入自己喜欢和擅长的事情上。另外，客户的心智和认知是有限的，我们要么做第一，要么做唯一。

假如你的定位可以和你从事的行业和主营业务有直接关系，

那么就可以相互促进。举个例子，如果你经营一家装饰公司，那么你的形象定位就可以是"知名家装设计师""装修新工艺专家"或"智能家居物联网技术研究者"等；如果你经营一家家装公司，但又不懂装修，那也没关系，你可以把自己定位成"实战营销高手"或"优秀的团队领导"等。

那么到底应该怎样定位呢？我们可以围绕下面三个问题去考虑：

- 我的特长是什么，我对什么最感兴趣？
- 我想吸引什么样的人（也就是你的客户和粉丝）？
- 我的粉丝有哪些痛点？

我们可以借助自己的行业经验，去分析客户和粉丝的痛点，也可以直接找目标客户（粉丝）进行访谈，还可以去微博、QQ、微信等社交平台，看他们在来往和谈论什么。

（2）坚持自己的观点。

如果想要影响他人，我们就不能人云亦云，而应该有并坚持自己的想法和观点，这样才能引起粉丝的兴趣，赢得他们的信任。因此，我们一定要建立起自己的思想体系，然后持续不断地在自媒体上发表自己的观点。

（3）有工具和武器。

在打造自明星的过程中，我们的工具和武器就是文章、视频和声音等信息载体。举例来说，本书就是一本持续增长的实战策略干货书，同时也是让读者进一步了解笔者、信任笔者的一个渠道。

（4）确定推广方式。

我们可以在微博、微信公众号等平台持续地发表文章，提供各类有价值的资源，也可以向一些专业的媒体、杂志、网站等投稿，还可以进入一些行业活动或圈子进行分享交流，进而树立好人缘，收获大量的粉丝。

同时，我们可以抓住一切机会认识名人，发挥自己的能力和价值，以此换来其推荐。

关于快速推广有一个公式：进入圈子+分享价值=快速放大。想要搞定名人，主要有三个步骤：

- 接触名人，可以通过购买名人的产品来建立联系。
- 接近名人，可以加入由名人发起的圈子，例如成为其会员，购买其产品。
- 与名人合作，与其共享粉丝和客户，让他为我们做推荐。

（5）持续运营。

在这个过程中，可以将一些行之有效的方法加以放大，以持续增加粉丝量。比如，不断推广免费的产品，持续地提升影响力；还可以巩固自己的粉丝圈子，让这些粉丝成为"铁粉"。

建立合作思维，利益与风险共担

在互联网时代，随着社会大环境的变化，企业的人才合作机制也发生了许多变化，大量企业和创业者受到影响。

在传统的雇佣关系中，老板是老板，员工是员工，这非常容易造成一方对另一方的压制。可是在当今社会，每一个个体都有十分强烈的自我实现愿望，都在追求更多的自主权利。企业只有让员工有当家做主的满足感和责任感，企业才能有更好的未来。

许多的投资人都坚持一个原则，就是坚决不投没有合伙人的企业。以前，企业的创始人往往是单干，利益是上下级分配制，于是职业经理人会用脚投票；现在则流行合伙人协同作战，提倡合伙人之间利益共享，追求合伙人竭尽所能、共同进退。

在合伙人制下，即使是普通的员工，也有机会享受到企业的股权、分红等激励。合伙人制中协作的自由、交互的自由、信息共享的自由，也彰显了"人人为我，我为人人"的社群观念。

建立合伙人制的初衷很简单，不管企业和老板有着多么美好的愿景，公司有多么优秀的企业文化，都逃离不了最根本的一点，那就是假如你连员工的需求都满足不了，他凭什么要为你卖命？

一、什么是合伙人

合伙人，即企业的股权持有人，主要包括创始人和联合创始人、员工、外部顾问及投资方等。合伙人之间是一种长期、深度绑定的强关系，企业的一些重大事项都需要由合伙人进行商量和投票表决，利润由合伙人按照事先约定好的股权比例进行分配。

合伙人制并不是先订立制度，然后实施这么简单。合伙人制想要成功实施，首先企业创始人必须要有合伙精神。有合伙精神，才会有合伙利益！

有企业创始人会问这样的问题：我需要让合伙人知道企业的财务数据吗？我的合伙人需要知道其他人的股权吗？如果你会问这样的问题，那就说明现阶段你的企业很难实施合伙人制。

还有另外一些创业者会用一副过来人的语气说："千万别和你最好的朋友合伙开公司……"然而，在创业初期，可能还看不到公司发展前景，除了朋友、同学、同事、老乡，甚至妻子、父母……还有其他人会愿意追随你、和你合作吗？如果都不能与这些人合伙创业，那么能指望和一个陌生人合伙创业成功吗？

有创业心态，再加上创业能力，经过磨合就可以成为合伙人。人与人之间长期共事，既要有利益，也要讲交情。合伙创业既是一种长期利益的合伙，同时也是一种"共创、共担、共享"的创业精神。

二、股权结构的重大问题

在合伙人制度下，合伙人的进入退出机制和相应的股权架构等都是十分重要的问题。这一点应该不难理解，倘若企业的技术或运营出了问题，我们可以选择换个方案或是直接把人换掉，可假如企业的股权架构出了问题，就可能出现创始人对企业失去控制的情形，如合伙人之间可能会发生内讧，使企业元气大伤；优秀的潜在合伙人与投资人无法进入；或是决策效率低下，导致企业白白错失发展机会……这种结果要么不可逆，要么纠错的成本极高，甚至可能是毁灭性的。

有不少初创企业空有一个好团队、好创意和好产品，却因股权问题导致企业夭折。假如你是企业创始人，那么可以用下列情形去检验股权是否存在问题：

- 没有一个明确的企业决策者；
- 创始人一个人占股100%，或者企业里没有合伙人，只有员工；
- 完全按出资比例去划分股权；
- 资金股的占股比例过高；
- 核心团队合伙人的股权没有退出机制；
- 创始人单方给合伙人设定退出机制，而对自己不设定退出机制，导致团队不理解、不接受；
- 外部投资人控股；
- 给兼职人员发放大量股权；
- 给短期资源承诺者发放大量股权；
- 给投资人预留股权；
- 没有给团队预留股权；
- 配偶股权没有设立退出机制；
- 继承股权没有设立退出机制。

假如你的企业存在上述现象，那么你应该好好阅读一下本节的内容。

三、哪些人不应该成为企业合伙人

俗话说"请神容易送神难"，作为企业创始人，在发放股权的时候一定要慎重，要严格按照合伙人的标准进行。有哪些人不应该成为企业合伙人呢？

1. 资源承诺者

很多创业者在创业早期需要借助许多资源为企业发展助力，

这个时候往往很容易给资源承诺者分配过多股权,从而把资源承诺者变成企业合伙人。然而,当创业者把股权出让给对方之后,承诺的资源却可能迟迟不到位。

一家企业是需要整个创业团队长期投入时间、花费无数心血和精力去经营的,所以,对于那些只是承诺投入资源,却不全职参与创业的人,建议考虑用项目提成和分润的方式去合作,而不要采用股权绑定的方式。

2. 兼职人员

对于一些并不全职参与创业的技术专家等兼职人员,最好按照企业外部顾问的标准发放固定薪酬,而不是按照合伙人的标准去给他们分配股权。

3. 投资人

创业投资的逻辑是:投资人投大钱,占小股,用真金白银买股权;合伙人投小钱,占大股,通过长期全职为企业服务来赚取股权。换句话说,就是投资人只出钱,不出力;合伙人则既要出钱(即便金额不大),又要出力。

所以,投资人不应当以低价获取股权,其股权价格应该高于合伙人。创业初期最容易出现这样的情况:创始团队和投资人根据出资的比例来分配股权,投资人不参与创业,只投入部分资源,却占据团队过多股权,这将为企业的发展带来巨大隐患。

4. 早期普通员工

给早期的普通员工发放股权,一方面会造成企业股权激励的成本很高;另一方面,这对员工的激励效果也很有限。例如,在企业初创期，企业给某位员工发放5%的股权，很可能完全起不到激励的效果，甚至会使其认为企业是在画大饼忽悠他，起到相反的效果。然而，假如企业在发展中后期（A轮B轮融资后）给员工发放股权，那么很可能只需要拿出5%的股权就可以很好地激励500位员工，效果更好。因为在这个阶段，员工会根据投资人的估值或企业业绩直接计算股票的价格，而不再纠结自己持有股权的百分比。

一流的管理者都是一流的教练

许多人都听说过"教练式"这个名词，但是，其价值和精髓你真的了解吗？管理者怎样才能拥有教练思维，成为一名教练式管理者呢？

教练这个词源自体育界。20世纪70年代，美国知名网球教练W.提库西·加尔韦（W. Timothy Gallwey）发现，当他对运动员的错误提出合适的、开放式的问题后，他们就可以自己修正错误。而当教练反复提醒运动员要按照教练的建议去做时，他们的表现反而更差！换句话说，如果运动员精神处于放松的状态，在脑子里想象着自己表现良好的场景，想象自己的身体有优良表现的感觉，他的表现就会立刻得到改善。也就是说，他在没有意识到自己有问题的情况下，就已经不知不觉地纠正了错误。

后来，网球教练加尔韦接受了美国和欧洲企业管理界的邀请，尝试将他发现的这个策略运用到企业管理中，结

第一章 领导力：企业持续发展的驱动力

果获得了巨大的成功，这一理念和相应的教练模式迅速风行全世界。约翰·惠特默（John Whitmore）是最早研究企业教练的专家，说起教练的精华，他这样说道："教练通过行之有效的方法，能够真正释放人的潜能，从而使他们的表现达到最佳效果。教练是在帮助他们如何学习，而非教他们怎么做。"

何谓教练式管理？教练式管理即企业管理者用教练的理念、思维和方式来管理企业，这是使员工快速突破和提升的最佳方式，是企业理念、文化、领导风格、管理方式上的一种创新。

传统管理方式往往强调"对事不对人"，而教练式管理则恰恰相反，是"对人不对事"，是真正的"以人为本"，特别重视人的价值和重大作用。教练式管理认为一切的问题都是人的问题，看上去似乎很复杂的问题，只要我们透过现象看本质，问题一定可以落到某个人身上。

教练式管理的基础建立在尊重人和相信人的潜力之上，相信解决问题的专家就是当事人，也相信问题当中就隐藏着答案。我们要做的只是通过一些设计好的教练问题，与当事人进行友善的、发现性的、能产生动力的对话，由此使当事人觉醒。对此，曾有人这样做比喻：每一颗小小的橡果种子，都隐藏着成为一棵参天大树的所有潜能，我们需要的是给予它阳光、空气、土壤和养分，促使它成长，但成为一棵参天大树的精华已经在它里面了。

人不仅是一种资源，也是企业最宝贵的资本。当人的能力和素质得到充分提升和发挥的时候，企业的资本就会加倍增殖。教

019

练式管理的价值就在于通过充分激发人的潜能，提高生产力，促进企业的高速发展。与此同时，教练式管理还能够提升员工的学习能力、创新能力、沟通能力等，对于建立学习型组织和团队也可以起到一定作用。

直击核心，用价值观管理企业

价值观是人们对事物意义的评价标准，它好比汽车的发动机，是人们做事情的动力和方向。所有成功的企业，无论规模大小，都应该有明确的价值观。在这样的企业和团队中，大家都能够自觉地以这些价值观作为自己行动的指南，践行公司的价值导向和准则。

我们常常讲，成功的管理者要将自己的思想和理念传递给企业全体员工，这里的核心就是要树立正确的企业价值观，并使全员对其高度认可。

在企业管理和团队打造中，我们可能都会有这样的感受：即使再完善的制度也不可能去约束一个人所有的行为举止。事实上，制度存在的价值主要是为了避免犯错，它并不具备很强的激励性和推动性。尤其是在当今社会，年轻一代普遍都不喜欢受到太多的约束，这需要我们用明确的价值观来引导员工，这种理念就是"用价值观管理企业"。

那么，到底怎样才能用价值观来管理企业呢？具体来说可以分为两个步骤。

1. 根据企业现状和需要，树立简洁明了、实用高效的价值观

价值观应该简单明了、易懂易记，可落地性比面面俱到重要

得多。有些企业在提炼价值观的时候，从行为、礼仪、氛围、目标等多个方面力求面面俱到，足足可以写满一张 A4 纸。很遗憾，这样做并不会起到什么效果。因为没有核心和重点大家可能都记不住，怎么可能落地？哪怕你搞出多么华丽的形式，即使将这些语录贴满整个办公室也不会有多大用处。

2. 确保价值观能落地

价值观落地有很多种方式，其中最关键的就是企业管理者必须亲自推动和践行。

在企业关键场合，如晨会、例会上等，管理者要对价值观做专门的宣讲与分享并在企业内树立正面典型，强化榜样示范的效果，还可以在考核机制中加入对价值观的考核。同时，我们要在所有对外宣传的渠道上不断重申、推广企业的价值观，以此在社会上树立一个良好的企业形象。

优秀的企业都在不遗余力地践行"用价值观管理企业"，比如阿里巴巴集团。阿里巴巴集团创始人马云在接受媒体的采访时多次介绍和推广阿里巴巴的价值观，他是一位"用价值观管理企业"的成功企业家。

如 2019 年阿里巴巴在成立 20 周年之际，宣布全面升级使命、愿景、价值观。"新六脉神剑"价值观由六句话组成，表达了阿里巴巴人与世界相处的态度——客户第一，员工第二，股东第三；因为信任，所以简单；唯一不变的是变化；今天最好的表现是明天最低的要求；此时此刻，非我莫属；认真生活，快乐工作。这六句是阿里巴巴继续践行使命、实现愿景的出发点和原动力。为了确保价值观的落地，阿里巴巴每一位新加入的员工都会有一个花名。在阿里巴巴的环境中，就是用这样一个新名字提醒员工：你的价值观应当符合阿里巴巴的价值观。接下来，阿里巴巴会对新员工进行一系列的企业文化方面的培训。

为了强化价值观，阿里巴巴不光在招聘和培训上下功夫，还会在每个季度考核的时候对员工的价值观进行考核。倘若有员工不符合阿里巴巴的价值观，哪怕其工作业绩再出色，也无法通过考核，不仅无缘升职加薪，甚至有可能被辞退。

实践证明，企业管理的最高层次之一就是价值观的管理。因为它直入核心，真正体现以人为本，紧扣核心价值驱动要素，由企业管理者带头实行，从组织层面和个人层面全面致力于改善团队的状态和表现。企业由此能够获得管理者素质提升、核心员工的留存率提高、竞争优势稳固、差异化品牌形象形成等高价值回报。

快乐的管理者，打造快乐的团队

我国传统文化向来比较提倡艰苦奋斗和吃苦耐劳，比如我们熟知的"头悬梁，锥刺股"，提醒人们想要在事业上做出点成就，就必须经历千难万险。

有些地方甚至把赚钱叫赚苦钱，可能因为大家都觉得赚钱的过程是艰苦的。我们从小接受的教育就是"只要坚持就一定会成功"，至于自己的需求和快乐往往是可以被忽略的，甚至是应当抑制的。

对于这样的观念,我不敢苟同。我认为,倘若我们真心想在某个领域做成一件事情,一定不是靠坚持和吃苦,而是靠快乐,靠乐于此道、乐此不疲!换言之,我们要去简单快乐的世界与成功相会,而不是到艰难痛苦的世界挖掘成功。

举个例子,我十分喜欢健身,曾经与几位朋友一起办了某家健身房的年卡。可是那几位朋友有的一次都没去过,有的总以工作太忙为由,只去过一次后就不见人影了。后来,其中一位朋友发现我雷打不动每周定时都去健身房锻炼,就以一种非常惊讶的口气问我:"你是怎么坚持下来的?实在太佩服你了!"听了他这话,我也觉得不可思议,因为在我看来,去健身房从来就与坚持无关。我很迷恋每天泡在健身房的感觉,甚至于一天不去听听健身房里金属器械撞击的声音,一天没让肌肉产生酸痛的感觉,就觉得好像生活缺了什么一样。

美国作家马克·吐温曾经说过:"只要专注于某一项事业,就一定会做出令自己惊讶的成绩来。"成功靠的不是坚持,而是专注。因为坚持做一件事不是你潜意识里的行为,你是强迫自己去做的,不具备主观能动性,这就好比没有法律意识的人容易做出触犯法律的事一样。因此,要想获得成功,我们必须发自内心地喜欢自己的工作,能够从这份工作中得到快乐。只有这样,我们才会有源源不断的动力坚持下去,这就是"痛苦使人改变,快乐使人养成"这句话的意思。

有这么一句话:"快乐是我们存在的目的。"乍一听,有些人可能不同意这个观点,可能会说:"这不是赤裸裸的享乐主义吗?

这会导致人类堕落的！"可能还会说："做人不能只顾自己快乐，我们应该尽自己的绵薄之力为人类作贡献。"

事实上，我们每个人都应该静下心来好好想一想，我们什么时候最容易关爱别人？我们什么时候是最慷慨大方的？是当我们感到快乐的时候，抑或反之？

我们能够给别人带来多少快乐，取决于我们自己有多快乐。如果我们不能让自己快乐的话，也就无法将快乐传递给别人。

对企业来说，快乐是最大的生产力。只有快乐的管理者，才能打造快乐的团队，给客户带来快乐的体验。当团队和员工体会到快乐的时候，他们的自信心、自我价值感和抗挫折能力等都会得到大幅提升，工作效率自然也会提高。

无论做什么事情，快乐就是指南针，如果这件事不能让自己感到快乐，那就不要去做。不过我们要强调，快乐并不等于享乐，更不是无所顾忌地放纵自己。放纵虽然可以让自己得到一时的快乐，但随之而来的是长久的空虚感。

因此，除了问自己"做这件事快乐吗"的问题，还要问另外一个问题："如果连续做一周，几个月，一年，许多年，甚至一生呢？"从时间线的高度和广度重新审视，可以让我们找到真正的快乐和持续的动力。因此，绝不是"越堕落越快乐"，而是"越有挑战越快乐""越成功越快乐"……

那么，该怎样在企业和团队中植入快乐元素呢？我的建议是：

（1）从自己做起，笑对团队，笑对员工，笑对工作。

（2）寻找一些性格开朗、身心健康、平常爱笑爱闹的员工，一起在公司里营造快乐的氛围。

（3）把原本枯燥无聊的工作变成有趣的竞赛，激发大家的兴趣，挑起大家的斗志，吸引大家为荣誉而战。

（4）改造办公环境。比如在办公室苍白的墙面或是天花板上多布置一些暖色调的灯光，使原本沉闷的工作环境变得温馨。

（5）把原本冷冰冰的月会改成月庆，把总结当月工作的月度会，改成庆祝当月业绩的庆祝会。庆祝会的形式可以五花八门，如聚会、郊游、K歌等，这可能会成为全员一月一次的"期待会"！

（6）引导员工去发现工作中的乐趣，如取得的每一点成就、每一次进步，这些其实都为我们带来了快乐。我们要重新定义快乐，打电话是快乐的，谈单是快乐的，成交是快乐的，认真是快乐的，遇到挑战是快乐的，解决难题是快乐的，等等。不是成功后才快乐，而是快乐的成功。

（7）结合一些创新的自助式管理方式，砍掉那些没用的条条框框，让员工更有参与感，也能够让快乐更多一些。

我们可以去继续挖掘更多的快乐元素，然后将它运用在团队和企业中。为了拥有强大的能量，更轻松地获得成功，让我们从现在开始，做一位能够制造快乐和传播快乐的管理者吧！

只有分得清楚，才能合得长久

美国石油大王洛克菲勒曾经买下一个油田，有一次他去该油田视察时，发现油田的管理非常混乱，有很多漏洞。于是洛克菲勒把该油田的经理叫过来，狠狠地斥责一通："这个油田有这么多的问题,难道你们看不到吗?为什么我刚到这里一天,就发现了这么多问题,你们天天在这里为什么发现不了?"油田经理听后,笑着答道:"先生,因为这是你自己的油田!"

管理者为什么可以起早贪黑地工作,殚精竭虑地解决企业遇到的各种问题?有些员工为什么可以为了完成一项工作废寝忘食?都是因为他们付出之后可以得到他们想要的回报,或者说他们是在为自己的梦想而努力工作。

人在为自己而努力的时候,动力是最足的,同时自律性也是最高的。研究表明,每个人的行为都是在当时的环境里最符合自己利益的选择,这就是人的本性。经营企业的本质就是经营人,经营人的本质就是把握人性,然后建立机制去满足人性,这样才能获取人心。

为了激励员工积极开展工作,我们首先要制定合理的薪酬分配制度,体现出薪酬的激励和价值导向。薪酬分配机制大致可以分为以下六种:

1. 提高式分配机制

适用情形:企业准备提高生产量或销售额,员工已经习惯了当前的工作量。

对于大多数员工来说,大家都习惯于拿多少钱干多少事,假如想让他们干更多的事,就必须给他们更高的回报。这时候,我们就需要根据盈利点设置一个基数,拿出一部分盈利分给干活的人。这种机制适用于几乎所有企业,如餐馆、美容店、销售或生产型的企业等。例如，我们设定销售额的基数为 1 万元/天，经过测算，这个数字已经超过了企业的盈亏平衡点，这样就可以把超出基数的盈利部分进行分配，以此激励员工。

要想起到更好的激励作用，员工超额付出后得到的回报应该设置为其正常工作量所得到回报的至少两倍以上。与此同时，这些超额回报要与正常工作量得到的回报区分开来，而且一定要及时兑现。

2. 缩减式分配机制

缩减式分配机制是在一定成本基数的基础上，将降低的成本拿出一大部分分配给为降低这部分成本作出贡献的人。例如，有一个项目，原本一个部门一个月可以完成，假设它的成本基数是 10 万元，而负责这个项目的部门将成本降低到 8 万元，那么为了激励该部门，我们就需要从这节省下来的 2 万元中拿出 1 万~1.5 万元分配给他们。又如，企业的生产部门原本需要 50 个人，人员的工资合计是 10 万元/月，而该部门通过人员精减淘汰了 10 个人，那么为了激励该部门，我们就需要从节省下的 2 万元中拿出 1 万~1.5 万元分配给现有的 40 个人。

为了更好地起到激励效果，分配的比例至少应该定在降低成本的 50%。如果少于该比例，员工会认为他们再怎么省都是企业赚，和他们自己关系不大，会打击他们的积极性。

3. 彩票式分配机制

为什么会有很多人热衷于购买彩票？那是因为大家都期望自己的付出能够得到更大的回报，而且方式简便，能够及时兑现。

一些员工比普通员工付出了更多的努力，却没有得到应有的经济回报和管理者的重视，很可能就会另谋高就，选择一个会认可其能力且提供优厚报酬的企业。因此，如果我们想要留住优秀人才，就需要用彩票式分配机制去激励他们。例如，企业销售人员的基本任务是 100 万元/月，绩效是 1 万元，那么我们可以再设置一个 150 万元/月的任务，假如销售人员完成了该任务，不但可以拿到原本 1 万元的绩效，还可以额外拿到奖金。我们还可以设置月冠军奖项，给予其一定的奖金；如果连续多个月获得月冠军，可以颁发特别的荣誉奖项，树立起标杆形象。

4. 福利式分配机制

当企业业绩上升时，不同部门的收入差距会增大，有一些部门的收入没有变化，这部分人难免会感到不公平。由于这些部门的人员不是使企业业绩上升的主要力量，给他们再大的激励也不会给企业带来更大的利益，这时候就需要制定一种福利式分配机制，来安抚他们的情绪，避免他们产生负面情绪。例如，我们可以通过生日福利等，从企业业绩上升的盈利中拿出一小部分分配给这部分人等。

5. 约定式分配机制

有些企业的管理层工资还没有一线销售人员的工资高，可为什么大家仍然努力工作求升职？这是因为人们都希望自己可以独当一面，用未来的筹码去换取今天的回报。对待这样的员工，我们就需要用约定式分配机制来留住他们，充分调动他们的积极性。例如，在企业中工作满五年可以得到额外两个月的薪资，满八年可以得到额外半年的薪资，满十年给予一定的股权激励等。

6. 股东式分配机制

如果一些对企业曾作出重大贡献的老员工已经能够独当一

面,却没能得到应有的回报,那么在企业发展过程中,他们很可能会起到一些反作用。对于这样的人来说,假如企业只是给他们涨一点工资,估计不会有太大的效果,最好的办法是吸纳他们成为企业的股东。

当然,吸纳员工成为股东并非易事。为了保证企业未来能够健康良好地发展,更好地规避风险,我们必须提前确定好股东的进入与退出机制,并形成白纸黑字的书面文件,还要签订具有法律效力的合同。

树立企业标杆,让价值观具体化

我们在企业里提出了明确的价值观,但如果想要让企业的价值观真正发挥导向作用,就需要将价值观落地,转化成大家具体的行为。

美国心理学家班杜拉曾经做过一个"榜样模仿实验"。他将一群4~6岁的儿童分成三组,让他们分别在一个房间里观看同一部影片。影片里播放的是一个成年男子正在粗暴地殴打一个形似真人的充气娃娃,然而三组儿童看到的结局各不相同:第一组儿童看到的是该男子受到了奖励;第二组儿童看到的是该男子受到了严厉的处罚;而第三组儿童看到的则是该男子既没有受到奖励,也没有受到惩罚。接下来,班杜拉把所有的儿童都送进同一个房间,里面放着一个和影片里一模一样的充气娃娃。结果,第一组看到打人男子获得奖励的儿童产生了最多的攻击性行为；而看到打人男子受到惩罚的第二组儿童的攻击性行为最少。

这个实验的结果清楚地表明榜样的影响力有多么大。不管榜样做出了什么样的行为，一旦获得了奖励，就会鼓励人们做出和他类似的行为；而对榜样进行惩罚，就可以警示人们不要这样做。在企业管理中，为了更好地引导大家，我们可以在团队中为员工树立一些榜样，让大家有比较具体的模仿对象。这样做是为企业的价值观和员工的具体行动建立链接，从而便于更多人去学习和效仿。接下来，我们就来看看管理者应该怎样树立榜样人物。

我们可以在企业里寻找一些积极向上和工作业绩突出的员工，将他们立为榜样。在确定榜样的标准时，注意一定要奖励工作成果，而不是奖励工作努力。

小刘是一家IT公司的软件工程师，下班后他经常主动留在公司加班写代码，这样的情形被老板看见了很多次。不久后，小刘的直属领导离职了，老板觉得小刘工作努力，于是让他担任部门主管，他的工资因此也涨了不少。

除此之外，老板还多次在公开场合夸奖小刘是公司最勤奋的人，经常加班。就这样，公司主动加班的人逐渐增多了。可是大多数人都是在聊天、打游戏，甚至还有人干私活。公司的办公费用因此提高了许多，然而工作效率和业绩却仍然在原地踏步。

这个案例中，老板的本意是用升职加薪来奖励小刘的勤奋努力，同时激励公司其他员工向小刘学习。然而老板强调的不应是"小刘经常加班"，而应是"小刘总是在规定时间之内完成工作"，这样才能真正起到榜样的示范、激励作用。

那么应如何利用榜样人物来激励他人呢？以下内容可以参考：

在宣传榜样人物的行为时一定要真实，切忌夸大和虚假宣传，此外还应多渠道、多时段地进行宣传，强化效果。

对于反面典型也要进行适当宣传，以起到警示的作用。

给榜样人物的奖励不只包括物质奖励，无形的、受人尊敬的精神奖励和待遇也至关重要，例如升职，这样才能充分激励其他员工，调动他们的积极性，使之为了获得相同的待遇而在行为上向榜样人物学习。

还有更重要的一点，切勿给榜样过多的特殊待遇，这样非但不能达到预期的效果，甚至还可能会引起其他员工的妒忌和反感，使榜样人物受到孤立。因此，一定要注意维护榜样人物的形象，这往往比树立榜样本身还要重要。

除此以外，还要提醒榜样人物时刻注意与他人相处的细节，严格要求自己，因为其所作所为很容易受人瞩目。

同时，我们还应该关注榜样人物的成长，教育他们要戒骄戒躁，充分挖掘自身的潜能，并不断进步，以免成为榜样人物之后就故步自封。一定要让榜样人物清楚，"鹤立鸡群"并不轻松，必须有普通人不具备的抗挫折能力。例如，榜样人物无意中犯了一点小错，往往更容易受到上级的批评，对此，榜样人物要坦然接受,还要有改正错误、战胜困难的决心。

独特的企业文化才是核心竞争力

作为管理者,假如你所在企业的营销已经打下了比较坚实的基础,企业的业绩在稳步提升,那么你可以投入更多的时间、金钱和资源到企业文化这个关键领域去。

企业文化是在一定条件下,企业生产经营和管理活动中所创造的具有该企业特色的精神财富和物质形态。它包括企业愿景、文化观念、价值观、企业精神、道德规范、行为准则、历史传统、企业制度、文化环境、企业产品等。其中价值观是企业文化的核心,所以可以把它称为核心价值观。

企业文化如果能够得到全体员工的认可,将有利于创建一支充满激情的员工团队,树立良好的企业形象,打造永久的品牌。

许多企业都有企业文化,然而却并没有得到员工发自内心的认同,或许他们只在入职培训的时候听说过一次,然后就变成了挂在办公室墙上的一句没有任何意义的口号。

究竟怎样才能建立企业文化?怎样才能用核心价值观去管理企业,继而形成独特的企业品牌?不妨参考以下几点建议。

(1)提炼企业核心价值观。要是企业还没有明确的核心价值观,那么企业文化更无从谈起。我们不妨现在就开始思考,为了企业的长远发展,自己最想拥有的是什么?哪些价值观是非常重要的?是否可以将它们变成简洁的文字描述,这里要注意,提炼出来的文字只需要选择其中最重要的几条,切忌超过十条。

在形成简洁的文字描述以后,还需要在细节上对每一条进行加工，确保企业所有成员都能够完整、准确地理解。接下来，还要通过一系列的措施让这些核心价值观贯穿企业的一切事务当中，包括与供应商和商业伙伴互动，与同事相处，等等。

（2）将核心价值观变成面试问题。在面试的时候，我们可以准备两项不同的测试，一项测试应聘者的工作经验、技术能力和团队合作能力等，而另一项则主要测试其是否认同企业文化。应聘者必须通过这两项测试才能被录用。在新员工正式入职的时候，还可以让他签署一份文件，代表他已经仔细阅读了关于企业文化（包括核心价值观）的文件，并且还要让新员工了解，企业期望他能够在工作中充分贯彻企业文化。

对于不认同企业文化的应聘者，或许其手上的资源可以帮助企业在较短时间创造业绩，可他有可能对企业文化和团队造成伤害，那么我们宁可牺牲短期的利益，也要维护好企业文化。

（3）进行企业文化的培训。每一位新入职的员工都需要接受企业文化的培训，不管其任职于哪个部门，都不妨先让他到一线去和客户打交道，以此让他明白客户服务是整个企业的事，而绝不仅仅是某一个部门的事。在新员工培训结束前，注意考核其对工作的热情、对企业的兴趣以及对企业文化的理解和认可程度，如果发现不匹配、不适合，我们要及时作出调整。

（4）鼓励大家自我检查，看看还能作出哪些改变才能更好地落实企业文化。例如是否可以对业务流程进行一些优化，是否可以把产品的宣传单和求职登记表设计得更加精美等。我们还可以要求每位员工一周至少提出一条改进建议。这些建议可以很小，例如，为了让工作环境更温馨，建议装扮办公室等。试想，假设每个人每周都提出一条改进建议，那么一年下来，我们就能够收到成百上千条建议，企业的改善效果也将十分显著。

一旦企业建立企业文化，管理者就应该身体力行，为员工作出表率。有些时候，即使是要作出短暂的牺牲，也一定要坚持贯彻落实企业文化，因为这是一种长期效应。

懂得换框的智慧，危机之中含转机

在企业经营过程中，我们难免会遇到一些问题或危机，如产品质量问题、客户投诉、媒体曝光、人员离职，又或是资金紧张、被竞争对手抢占市场和客户等。倘若此时我们能够正确处理，就可以化险为夷，危机甚至成为我们实现跨越提升的踏板；反之，假如我们不知所措，那么危机也足以将我们逼入绝境。

因此，怎样才能临危不乱就显得尤为重要了。将危机变为转机是一种策略，更是一种成功者的素养，是我们都应该具备的。

> 亚拉巴马州是美国主要的产棉区之一，当地农民的主要收入来源就是种植棉花。1910年，一场突如其来的特大象鼻虫灾害席卷了整个亚拉巴马州的棉田，农民一年的希望毁于一旦。
>
> 经历了这场灾害，亚拉巴马州的农民意识到，只靠种棉花是不行的。于是，他们开始在棉田里套种玉米、大豆、烟叶等其他农作物。由于象鼻虫基本上不会伤害这些农作物，即便棉田里还有象鼻虫，农民的收成也已经不会再受到太大的影响。经过实践，农民发现种植多种农作物的收益是单纯

种植棉花的四倍以上。这场象鼻虫灾害后,亚拉巴马州的经济蒸蒸日上。

亚拉巴马州人将经济繁荣归功于那场象鼻虫灾害,因为正是这场灾难让他们学会了在棉田中套种别的农作物。正所谓"福兮福所倚,福兮福所伏"。很多时候,好事和坏事都不是绝对的,在特定情况下是可以相互转化的。我们需要改变我们看问题的角度和方式,从全新的角度看待问题,从而获得新的见解。

其实,世界上所有的事情本身是没有意义的,所有的意义都只是人为加上去的。所以一件事情可以有这个意义,也可以有那个意义;可以有不好的意义,也可以有好的意义。我们找出最能帮助自己的意义,便可以把事情的价值改变,使事情由绊脚石变为垫脚石,自己因而有所提升,这便是换框法。

要真正把握好思维"换框"的尺度,最好的方法是通过学习开阔自己的视野,不断增长自己的见识,培养自身辩证思维的能力,如此一来,便能够更加灵活而全面地去面对一些问题,评价一些事物。此外,还要掌握正确的思想观点和思想方法,不放纵、迁就自己,说话做事多冷静思考,才能在关键时刻进行有效的思维"换框"。

你的合伙人准备离开你?这未尝不是一件好事情,因为你可以从此真正按照自己的意愿去做事了。

你的手下能力不足?这也不是什么坏事,因为这可以锻炼你的领导能力,也是培养心腹的好机会。

市场很乱,竞争激烈?俗话说乱世出英雄,市场格局未定,你的企业才更有胜出的机会!

你是草根创业，没有背景？这没什么不好，你可以放开手脚，大干一场，因为你本来就没有什么可失去的！

客户难缠，蛮不讲理？这也没什么，一生中总有一些人会磨炼你的心志，考验你的能力。

在公司里不受重视？这是好事，或许这正是换一个平台的最佳时机！

将危机变成转机的内在智慧，就是要懂得换框，跳出以往的思维框架，站在一个更高的角度去看待人、事、物，这就是能让我们变得更好、更强的绝佳时机。

管理者有个性，品牌才会与众不同

在这个价值观多元、追求个性的年代，我们要让客户觉得我们是与众不同的，这样才能吸引更多的注意。对于中小企业来说，管理者的个性就是企业的个性，就是品牌的个性。所以，要打造有个性的企业、有个性的品牌，应当先从管理者的个性特质中来发掘、强化和传播，这是最直接、最有说服力的方式。

我有一位非常优秀的企业家学员，她的父母经营地产公司可以说是正宗的"富二代"。她大学时学的是环境艺术专业，后来根据个人兴趣，创立了一家化妆品公司。

她做事情的风格非常大气，谦逊有礼又非常有事业心，和她相处有如沐春风般的感觉。根据她的个性特点，我为她的公司做了个性规划，并希望让她的员工不断宣扬："我们公司的老板和别家的老板不一样，我们老板家里不缺钱，所以不是每

第一章 领导力：企业持续发展的驱动力

一分钱都想着要赚你的，她就是对化妆品感兴趣，特别想把这件事情做好。我们老板的理念是，高品质、高标准地帮每一个人都变成自己想要的样子……"

她听后非常欣喜地说："朱老师，你说得太对了，我心里就是这么想的……"我说："以后你不光是心里这么想，更要不断告诉公司全员，告诉市场，告诉所有的潜在客户！"

这样的品牌个性本身就是老板的个性，刚好又和公司高端定位相契合，在宣传的同时，就轻松自然地把企业的理念一并传播出去了，这样便与价格战完全区隔开来，能够获得更多潜在客户的欣赏和认同。现在，这家公司的年产值已经提升了数倍，并且开设了多家分公司。

所以，要赋予一个品牌或者企业与众不同的价值，企业管理者必须要有个性。

第二章

运营智慧：为企业注入倍增因子

面对动荡的经济环境，快速发展的制造和信息技术，以及不断变化、难以预测的市场需求，企业要获得持续的竞争优势，实现业绩倍增，需要在运营上有卓越的表现，具有能够带来竞争优势的运营战略和独特的运营逻辑。

第二章 运营智慧：为企业注入倍增因子

去除多余环节，打造扁平化管理模式

从发生在美国的圣莫尼卡高速公路事件中，我们可以清楚地了解到扁平化管理模式的重要作用。

1994年1月17日，美国圣莫尼卡高速公路上有一座大桥由于地震而倒塌，从而导致几百万人不得不绕一大圈路去上班，造成洛杉矶大堵车。

在该事件发生以后，加利福尼亚的交通部官员预计，重新修复圣莫尼卡高速公路大约需要耗费12至18个月的时间。然而，严重的洛杉矶大堵车促使交通部决定，要在6个月之内完成高速公路的修复。最终仅用了66天的时间，修复工作就顺利完成了。

这项原本不可能的任务是如何完成的呢？这就要归功于管理流程的扁平化。

首先，一群工作人员接受加利福尼亚交通部的委派，带着施工计划和说明书，与承包商直接进行对接洽谈，同时确保5位前来投标的承包商所获得的信息一致。假如按照原本的正常流程，单单审核施工计划就需要少则几个星期、多则几个月。

其次，在同一天完成了标价的审定和合同的签订。如果按照正常的流程，这简直是不可思议。

最后，设计组仅仅用了6天的时间，就将施工图交给了承包商。如果按照正常的流程，这至少需要9个月。

041

在整个流程中，原来的一些纵向流程进行了合并，同时进行。例如，交通部门批准和承包商得到施工计划二者就是同步进行的，而同级复审和工程开工也是同步进行的。

正是由于实行了这样的扁平化管理流程，使得圣莫尼卡高速公路的修复工程完成速度比起正常的流程提高了80%~90%。

进入移动互联网时代，社会竞争日益激烈，企业的竞争力大小与企业规模大小的关系越来越小，最终决定企业发展前景的是企业的灵活性和适应性。而相对于传统的金字塔状的企业管理模式，扁平化管理模式因其敏捷、快速的特点，更加适用于当今时代的竞争。

1. 何为扁平化管理模式

扁平化管理模式是指通过减少管理层次、压缩职能部门和机构、裁减人员，使企业的决策层和操作层之间的中间管理层级尽可能减少，以便企业快速地将决策权延至企业生产、营销的最前线，从而为提高企业效率而建立起来的富有弹性的新型管理模式。它摒弃了传统的金字塔状的企业管理模式诸多难以解决的问题和矛盾。

传统的金字塔管理模式由企业高层、中层和基层管理者组成，董事长或总裁是企业的最高管理者，处于"金字塔"的最顶端，然后依次是中层管理者、基层管理者、普通员工。尽管这样一种管理模式方便了上级对下级的管理，可也同时导致信息传递不够明确、员工自主管理性较差、决策时间拉长等问题出现。当企业规模持续扩大，便无法再增加过多的管理层次，此时就应该增加管理幅度，即实行扁平化管理模式。

2. 扁平化管理模式的优势

扁平化管理模式相对于传统的金字塔状管理模式来说，有以下三点优势：

（1）企业可以作出更加快速、有效的反应。扁平化管理模式更加有利于上下级之间的沟通，信息的纵向流通能令上下级之间的协同关系更加紧密，可以根据瞬息万变的市场变化及时作出决策并加以实施。

（2）优秀人才更容易成长。在扁平化管理模式中，中低层管理者直接面对市场，独立行使许多原本由高层管理者行使的职能，这样能够大大提升中低层管理者的组织管理和决策能力，在实践中获得更快的成长，同时也更容易形成团结合作精神。

（3）节省管理费用。扁平化管理模式或对管理层做了精简，减少了管理人员，通俗地讲就是"管理的人少，干活的人多"。再加上计算机发挥的信息传输和网络化辅助功能，能够大大减少行政和办公的成本，极大程度地节省管理费用的支出。

3. 扁平化管理模式面临的挑战

扁平化管理模式也面临许多挑战，因为管理幅度较宽，导致权力分散，不易实施严格的管控，不利于对下属进行集中管理和支持。

管理幅度的大小实际上意味着上级领导人直接控制和协调的业务量的多少。它既与领导者和下属的能力和素质有关，也会受业务活动特点的影响。扁平化变革使得组织管理层次减少，管理幅度增加。这不仅意味着一个管理者所领导的下属数量增加，他相应所负责的业务量也在增加。然而管理者的精力是有限的,如果不顾领导者的管理能力,超过一定的限度,则会导致领导的失控或者协调的困难。

4. 扁平化管理模式的应用条件

对于许多营销导向型的企业而言,扁平化管理模式的确能够发挥更大的优势。然而,想要使扁平化管理模式发挥更大的作用,有以下五个前提条件:

(1) 淡化权力,注重激励。

由于我国传统文化的影响,敬畏权力、服从领导等观念根深蒂固,这就驱动许多人奋发向上,努力奋斗以求升职。而扁平化管理模式砍掉了大部分中间管理层,直接用优化的企业结构迅速适应市场的变化,对于有些人而言,升职的通道好像变窄了。对此,企业要做好思想引导,增加一些升职之外的激励手段。

(2) 优化流程,进行扁平化设计。

企业在制定管理流程、业务流程和客户服务流程的过程中,一切都要以简单为前提。首先,要根据企业的目标设计出最优的总体流程;其次,尽可能地减少管理岗位,各职能部门成为高层管理者与决策者的管理助手和基层业务部门的服务者;最后,对每个岗位按照最优的工作流程设计出最简洁的操作程序,并按规范实施,这样就可以在扁平化流程中作到对业务的监督和风险的控制。

(3) 分权和集权有机结合。

所谓分权,指的是企业决策者将一部分经营决策权下放到职能部门,这样做能够有效地避免决策延误导致的市场机会流失。

假如决策权和管理权集中在少数人手中，不实行分权，则会降低决策和管理的效率，可能会使企业在市场竞争中处于下风。

扁平化管理模式的理念是以分权为主、集权为辅，分权是企业决策者为了鼓励下属独立行使决策权和管理权，为实现团队共同的目标去分担更多的责任；而集权则是为了有效地对分权部门和岗位进行监督，及时把不按流程和决策执行的情况纠正过来，对全局计划的进展进行随时的观察和协调。

企业的组织机构精简了，目标和责任下放了，决策者才能将足够的精力和时间放在策略和决策上，从而有效地提高中低层管理者的主动性、创造性和积极性，实现人人负责，使整个团队高效运行。

(4) 选人用人标准更严格。

我们知道，一张总谱就可以解决一位指挥家指挥数百人的乐队的难题。扁平化管理模式既需要作为企业愿景的"总谱"，又需要在员工之间建立起高效快捷的沟通，统一目标，掌握统一节奏。因此，扁平化管理模式对管理者和员工的素质提出了更高的要求，一旦人员素质达不到要求，管理的效果势必大打折扣。只有那些具备良好团队协作精神，积极追求实现自我价值，有执行能力和管理能力的人，才能进入少数的决策和管理岗位，企业决策者才有可能对他们充分放权。

在扁平化管理的制度和流程框架下，平等、信任、互助的企业文化也显得至关重要。在组建跨部门团队和特殊的项目团队时，这种企业文化能够大大缩短成员之间的磨合期，使大家迅速地朝着同一目标前进。

（5）企业较好地应用了网络信息技术。

这些年，互联网技术飞速发展，尤其是移动互联网得到了普及和广泛应用，这使得人们之间的沟通变得更加快捷。我们还能够借助企业办公和运营信息系统，有序、高效地将企业内部资源进行整合，并分析市场变化；对接收到的各方面信息进行正确分析和传递，将工作指令同时发送给不同层级的员工；高层管理者可以直接或者间接地管理下属，监控也变得愈加便利。因此，管理幅度就得到了不断扩大，可以减少许多中间管理层。由此可见，借助网络技术和信息系统也能够对推进扁平化管理模式带来十分显著的影响。

看到这里，我们不妨思考一下，该怎样更好地使用微信、微博、QQ、企业邮箱、ERP、专业的手机App等信息化工具，使企业的扁平化管理模式取得最佳效果？

合理管理预期，影响企业当下的发展

不管在哪个领域，假如我们可以影响预期，就可以影响发展方向。

我们知道，市场经济有其自身的运行规律，当今世界上的各个市场经济国家都有一种共识，那就是政府不应该过多地干预经济。然而，政府充分利用其自身影响力，让民众对经济发展趋势作出正面积极的预期，也一直是刺激经济、影响经济运行不可或缺的手段之一。

试想，假如一个国家的人民对于未来的经济发展普遍缺乏信心，甚至是比较悲观，那必然造成人民不愿消费、企业不愿投资、银行不愿贷款等情况。这时候，预期管理就是信心管理，政府就要承担起管理人民信心的责任。以下条例就充分说明了这个道理。

2008年，全球发生了金融危机，美国政府在此时推出了货币宽松政策，目的是让民众可以对未来经济产生正面的预期。美国政府希望通过该手段制造出一定的通货膨胀预期，从而走出流动性陷阱，摆脱通货紧缩的局面，刺激经济增长和增加就业。

当时美国政府大量地印钞票，引起美元贬值，使全球各国以美元定价的资产大幅贬值。尽管此举遭到了广泛的批评，然而为了使经济走出低迷的境地，为了管理预期，美国仍然坚持这样做。

同样地，在营销上，预期是客户决定是否购买、是否满意的关键因素，因此，我们要管理客户的预期。预期不仅能起到让潜在客户提前获知即将发布的产品、宣布产品的作用，还能起到遏制竞争对手销售的作用。

正因为预期的作用十分显著，所以在竞争愈演愈烈的当今社会，假如不经营预期，就不能获得满意的市场表现。尤其是在IT、互联网信息产业，如果竞争对手都在纷纷召开声势浩大的发布会，吸引大众的目光，你要是不召开，那你的风头无疑就会被对手掩盖。因此，为了能够在"预期战"中占得先机，产品发布会的规格越来越高，场面越来越宏大，用词越来越浮夸。

预期管理另外一个较好的做法是组成联盟。假如你的产品能够得到知名人士、知名品牌的背书，用户毫无疑问会更愿意相信你的实力。微软旗下游戏机品牌XBOX的发布会上，美国艺电公司（简称EA）、美国著名导演史蒂文·斯皮尔伯格和美国国家橄榄球联盟等悉数登场，为XBOX站台（https：//www.tmtpost.com/42700.html）。而国内一些品牌手机的发布会也常常将自己的供应商、渠道商、应用商等悉数请到现场，为自己站台，要是能再请几个明星过来串场，那效果就更好了。

不过，预期管理固然重要，但也不如做出符合人们预期的产品重要。只给客户预期，却无法满足其预期，那无异于自己打自己的耳光。我们给客户的预期要在承诺的条件下达成，否则预期就成了谎言，将失去客户的信任。

一个人的满足感和失落感都和其心理预期直接相关。假如他的预期较低，哪怕是一些小小的收获也会让他感到欣喜和满足；可是一旦他的预期很高，那么即便他已经得到了很多也不会满足，反而会倍感失落。同理，有一些企业管理者整天热衷于给员工描绘美好前景，不断地给员工"画饼"。而当员工在现实中一次次地碰壁、希望落空，预期与现实之间的巨大落差将让他倍感失望，这种情绪很可能会演变成愤怒，进而令其彻底对企业失去信任。我们常常看到，某些企业的员工在离职时总是一副愤愤不平的样子，原因正在于此。

管理者一定要做好预期管理，千万不要给员工太多、太大的心理预期。当我们无法改变现实的时候，合理地降低预期也同样可以提高员工的幸福感和满足感。在企业中进行预期管理的核心在于在做任何事情之前，都要尽可能地降低大家的预期，甚至有些时候还要消除员工的心理预期。

在工作中，预期管理的主要方向就是与员工分析目标实现的机会、威胁和利弊，让他们能够客观地了解工作的全貌，对预期中的困难作好充分的心理准备。

增加关键"一度"，"温水"变"开水"

以前上中学时，老师私下和我们说，在学校锅炉房打的水通常都没烧开，所以他们把水壶拿回宿舍之后，还要倒出来再烧一会儿。

为何老师不自己烧水，并且明明知道锅炉房的水没烧开，却还是要去打水呢？很简单，因为锅炉房打的水再拿回家去烧就比较容易烧开。

我们只是把水温增加了一度、两度，水就有了质的变化，这就叫沸腾效应。

沸腾效应是一种重要的借力方式，在商业竞争中非常有杀伤力。

比如，我们可以：

"选择市场上正在热销的产品，加上一度——使用更好的营销策略、差异化的团队，迅速引爆市场……"

"一个市场上成熟的产品和营销模式，加上一度——换个区域、换个框架来销售……"

"选择有特色、卖点的产品，加上一度——做多个卖点升级，引爆热销……"

"选择自然销售成交不错的产品，加上一度——导入会议营销的爆破手段，批零引爆业绩……"

"借鉴对手的活动方案，加上一度——狠狠地执行，很多时候，不打折扣的执行远比方案本身重要得多！"

"找到那些经过专业培训、掌握专业经验的员工，而非一张白纸的员工，加上一度——优秀的机制，激活他们的内在动力，让一切资源快速变现……"

"找到那些已经被同行培育过的客户，加上一度——更有诱惑的成交主张以及零风险承诺，迅速成交他……"

"发现一家有不错产品、良好架构、不错硬件条件的公司，但也许他们不懂营销、缺乏资金，加上一度——买下它，使用我们的倍增策略，引爆这个企业！"

沸腾效应就是找准时机，临门一脚，找到引爆和腾飞的关键秘诀和"开关"。

有的管理者不注重这个问题，导致之前很多投入和资源不能产生价值。比如，有时候我们努力了很久，但人生和事业并没有起色，也许只要被人的一个点拨，就能让你的事业蒸蒸日上，这个点拨就是你的"一度"。

有很多学员在参加了我的实战课程后，业绩倍增的幅度、企业成长的速度远远超过他们的想象，为什么会这样呢？

原因很简单，很多时候他们已经有了一定的基础，而我找到了合适的"一度"，帮他引爆，让他沸腾。找到企业成功秘诀的核心后，一切将变得简单，一方面可以避免错误，一方面加快成功的步伐。

所以，我对学员也是有所选择的。如果成功是一个不断上台阶的过程，那么，我帮助的是那些已经踏上台阶，那些愿意为成功付诸行动、有企图心的人，而不是那些还没踏上台阶，也不知道自己终究要不要踏上去的人。因为这样的人还没入门，我无法帮到他。

总之，你不需要"从零开始"，你要找到关键"一度"，加速你的成功，引爆你的事业！

打造高附加值，获取更多的利润

如果你想获取更多的利润，必须关注附加值的提升和创新。企业的产品定位其实只有两个方向：一个是高性价比，讲究的是薄利多销，用价低来吸引客户，可以快速回笼资金；一个是高附加值，用更多独有的无形价值来吸引客户，获取高利润。不过，不管我们的产品定位方向是哪一个，都需要创新附加值，这是提升产品和服务价值、促进成交的重要手段。

什么是附加值？简单来说，客户为得到产品和服务支付的资金与企业为产品付出的总成本，二者之间的差值就是附加值。差值越大，产品的附加值越高，企业的利润率就越高。

为什么即使产品和服务的价格远超过产品的成本，客户还是要买呢？很简单，市场经济规律告诉我们，产品和服务的价格其实与成本没有直接关系，而是与供求有直接关系，客户愿意购买高附加值的产品，是因为产品满足了其需求。

客户的需求是什么？其实，客户购买的是一种从现在到未来的变化，需求就是在变化过程中逐步产生的，如感觉、形象、品位、身份等。从这里可以看出，附加值基本都是无形的价值，却是不可或缺的。

我们可以从三个方面来着手提高附加值：

1. 技术及设计创新

从在产品上做技术升级创新，再到产品外观上做独特的设计，再到整体视觉识别系统（VI）形象的导入；从店面的环境设计到氛围打造，再到成交流程的设计等，突出品质、品位、与众不同的附加值。如设计一些产品的高档礼盒及特殊造型的包装、重新设计装修客户洽谈区彰显品质等。

2. 文化创新

产品的文化创新对提高附加值作用非常大。如一家经营紫砂茶壶的企业将我国四大名著和《孙子兵法》等文化经典融入茶壶之中，使其既具有实用价值，又具有欣赏价值和收藏价值。

3. 个性化服务创新

个性化服务、亲情式服务可以满足客户的心理和情感需求。比如，企业招商时不要讲产品，而是讲如何销售，讲独到的营销策略；婚纱影楼不要推销产品套餐，而是讲夫妻恩爱技巧；豪车品牌做客户沙龙，现场不讲卖车，而是讲如何打造"爵士风范"。

记住，要创新附加值，起点就是要让我们的产品和服务与客户的蓝图和梦想，与其深层次的情感和心理需求产生更多的独特连接。连接越多,我们和竞争对手越不同,与客户的关系就越紧密,附加值就越高。

打破过去的框架,寻找于己有利的切割策略

切割策略,就是站在竞争的角度,清晰地切割出有利于我们企业的客户群体、市场区域、产品类别、认知差异和品牌形象。这样,在潜在客户心中清晰地画出我们的地盘,同时又规避对手正面竞争的区域,从而实现企业的可持续增长。切割策略可以简单地理解为,我们在对手最薄弱的环节下手,突出和对手的不同,然后把对手的客户截流过来。

1. 感性切割:将产品卖出不同的感情

在我们和对手的产品高度同质化的情况下,怎样才能引起客户认知的不同?那就要用到感性切割,将人类的某一种情感灌注到产品上,用感性来吸引客户。

在一家装饰公司,有业主讨价还价,业务人员说:"你是一家之主,这么好的房子,我觉得装修不是为了你,是为了你的爱人、孩子还有老人。现在辛苦一点、多付出一点,为他们打造一个温馨的家,从长远来看是非常值得的,十年之后都不会后悔。反倒是现在这个也省、那个也省,也许一年之后就后悔了,不如现在就不要留下遗憾……"业务人员把装修房子转移到表达"对家人的爱",客户听后,觉得这事不是为自己做,而是为家人,讨价还价的欲望顿时就减弱了很多。

这个案例就是赋予产品感情，使产品体现出明显的不同，使客户接受产品。

2. 品类切割：规避正面竞争，实现以小博大

品类切割，是竞争中的弱势企业通过提出自身产品满足客户需求的一个特点进行重新切割分类，同时又规避竞争对手的产品，不在竞争对手强势的方面作比较，而达到和竞争对手区分开来的目的，为企业赢得生存发展的机会。

相对于浪莎、梦娜等知名袜子品牌，情怡在最初知名度并不高。浪莎、梦娜作为知名品牌占有较高的市场份额，正面竞争的广告成本很高，胜算却太低，情怡想占领一定的市场份额就需要从别的角度打开市场。通过调查，他们得知消费者最关心的是袜子的舒适度，认为纯棉的袜子更舒适、更健康，而新棉花从人们的健康心理感知方面印象更好。于是他们采取品类切割的方法，用新棉花生产袜子。"一双情怡袜，99朵新棉花"的广告语和"新棉花健康袜专家"的包装让情怡袜子在客户心里留下了"新棉花健康袜"的印象，从而主宰了这一品类的市场地位。

3. 市场切割：高效分销

为什么同样的产品在不同区域的销量有好有差？因为他们没有做区域细分，没有进行市场切割。

在市场竞争混乱时，市场乱象为后来采取各种不规则方法与对手竞争的企业提供了很好的机会。

很多行业没有占绝对市场优势的品牌，因此我们还有机会成为这些行业头部品牌。尤其是如果我们自身的营销能力强，企业进入营销能力弱的行业，很容易打出一片天下。

我国幅员辽阔，各地经济发展水平、人们消费观念不同，因此，我们可以针对不同的区域使用不同的策略，投放不同的产品，总会有一些区域市场有突出的表现。

4. 二元切分法：非彼即此

这种切割法最关键的是，切过之后，让别人无法再切！

二元切分法总是以"非"和"不"这样的否定词方式描述，如非可乐、非油炸、不伤手，意在把事物一刀两断，分成两类，成就自己50%的机会！

二元切分法可以用时间切分，比如白天、晚上、过去、未来；也可以用空间切分，比如国产、进口、本地、全国；还可以用性别切分，男士专用、女士专用等。

切割策略是企业及产品定位的重要方式，就是要打破过去的框架，在新框架中寻找可以切分市场的机会，这样可以使我们以小博大，更好地拓展市场空间。

凡事都速度领先，企业才业绩倍增

天下武功无坚不摧，唯快不破，速度是克敌制胜的重要因素之一。实践一次又一次地证明，要想企业业绩倍增，凡事都要速度领先，很多企业的失败就是因为速度太慢，错失机会。

前几年，大多数装饰企业做营销都是在业主接房（领钥匙）后才开始，而有一家企业早在业主接房半年前、一年前甚至两年前就开始做营销。他们把期房业主作为营销的主要对象，很早就开始了影响客户思维的工作。过去都是三番五次地和客户讨论设计方案，成交一个客户总要花很多时间，少则几天，多则半个月。他们通过颠覆行业的成交策略加上零风险的政策，使成交客户的速度加快了十倍，让业主在离交房还有一段时间就早早交付了装修订金，然后在业主收房时就直接开工了。仅凭又早又快这一点，他们就在短时间内超越了那些已经在当地经营了十年的家装企业。

不管你的企业规模有多大，经营时间有多长，这都不是最重要的！当今的市场竞争不是"大鱼吃小鱼"，而是"快鱼吃慢鱼"，这就是速度领先法则。

速度是颠覆市场格局、赢得胜利的最重要因素，实践早已证明，在其他因素相同或基本相同的情况下，谁先抢占商机，谁就会取得最后的胜利。闪电般的行动必然会战胜动作迟缓的对手，使"慢鱼"在没有硝烟的战场上败下阵来。

实施"抢先战略"，意在"早"，贵在"抢"，因为商机是短暂的、有限的，是转瞬即逝的。正所谓"机不可失，时不再来""领先一步，海阔天空；落后一步，寸步难行"很多企业不够快，不是他们不想快，而是他们太追求完美。

我到一些企业去考察时，有的管理者会问我："朱老师，你看我这个企业哪里还有问题？"我告诉他们："我不是来帮你们解决问题的，我是帮你们达成目标的……"很多人的思想都是问题导向而不是目标和效果导向，总喜欢盯着自己的问题和不足，这样就会陷入"不够完美"的旋涡。

有一些喜欢追求完美的企业管理者做着本末倒置的事情，比如明明是业绩不好、营销力薄弱，却在那里完善企业的管理制度。要知道，你把管理做得再完美，和业绩的提升也是没有过多关系的。

决策错误不可怕，总是追求完美、拖延不作决策才可怕。正确的决策让我们成功，错误的决策也可以让我们成长啊。

这个世界从来都不是掌握在追求完美的人手中，而是掌握在快速行动者的手中。

跳出企业看行业，整合上下游产业链

每一个商品在最终呈现在消费者面前之前，都要历经产品研发、原料采购、生产工艺、仓储物流、销售渠道等诸多环节，整个过程就是一个"链条"，每一段"链条"都或多或少贡献着价值，这就是"价值链"。除了全产业链巨型企业，中小微企业所提供的产品和服务可能仅是价值链当中的某一段。一旦业绩倍增，团队人才辈出，管理者还拥有广泛的市场和客户，企业便可以逐步整合上下游产业链这可以称为"合纵价值链"，这是企业做强做大的必由之路。

整合产业链，就是从纵向角度，跳出所在企业看整个行业，跳出所在行业看整个产业格局，然后寻找合适的机会，进入产业的上游或者下游，整合更多资源，创造更大价值，获取更多利润。

有一家装修企业的产品模式是全包式装修套餐。随着业绩的不断突破，他们的客户越来越多，开工工地越来越多，客户投诉也越来越多，而投诉的重点就在套餐的配套产品橱柜和门上。

我们知道，橱柜和门在装修中都属定制产品，从业主到家装设计师，再到供应商的设计师，再到生产过程等，测量、选材、生产、运输、安装等环节众多，沟通特别烦琐。虽然这家装修企业一再和供应商沟通，甚至制定了不少惩罚条款，但还是有诸多不可控的因素，还是偶尔出现产品生产错误、延误工期等情况，引起客户的不满。

为了解决这个问题，装修企业决定收购橱柜厂和门厂。他们重新梳理了业务流程，完善了沟通机制，加强了质量管控，并且引进了更优秀的橱柜设计师，之前的老大难问题立即迎刃而解，木制品的质量更好了，新品不断推出，装饰公司成本更低了，竞争更有优势，利润也提高了。这就是"合纵"的力量。

为何这家装修企业能那么轻松地整合成功？

原因很简单，他们有强大的营销能力、充裕的现金流、强大的人才队伍。最重要的是，他们拥有规模不断增长的客户群体，所以才敢毫不犹豫地整合和收购。后来，这家装修企业还增加了软装配饰等产品服务，并同家电商、全屋除甲醛等下游服务商有了更多的合作。由于价值链延长，企业利润也得到提升。

整合价值链分析反映了企业与上游供应商、下游其他销售商

第二章 运营智慧：为企业注入倍增因子

之间的相互依存关系，这为增强企业的竞争优势提供了机会，可以显著影响企业成本，甚至使上下游企业均降低成本，提高整个产业链的竞争优势。

那么，我们在整合上下游产业链时，可以问问自己以下问题：

- 我目前的优势资源是什么？
- 整合对象的优势资源是什么？
- 整合后，如何能达到 1+1>2 的效果？
- 是否可以借用"微笑曲线"的理念，把核心放在最增值的"研发"和"销售流通"环节？
- 为什么是我来整合，而不是别人？为什么要整合它，而不是别的？

通过对这些问题的思考，我们可以找到"关键价值链"，找到那些能通过整合快速放大的资源，找到能借力发力的着眼点，同时又能抓住自己业务的核心，而不是一味地贪大求全。

在整合关键价值链的时候，我们要着重把握以下三点内容：

- 是否可以在降低成本的同时维持收入不变；
- 是否可以在提高收入的同时保持成本不变；
- 是否可以在降低工序投入的同时保持成本收入不变。

整合是做加法，减少灰色地带的成本，包括合作成本、管理成本、运营成本、衔接成本、行政成本、采购成本等，提升效率和严格管控品质，使企业的利润和竞争力提升。

不过，想要整合产业链还得自身"硬"，这个"硬"就是你至少要拥有那么一两样核心资源和优势。这个资源和优势也许是强大的营销力、持续提升的业绩、手头大量的客户群体，也许是充裕的现金流、强壮的团队，又或者是卓越的整合能力、技术研发实力等。

调配彼此资源，形成抱团取暖的生态圈

一般来说，价值链是从纵向来看企业的产业格局，而生态圈是指我们企业所处的生态环境，是从横向的角度来看，进行类似异业联盟的合作。

连横生态圈是一种重要的借力思想，可以借别人的客户，借别人的产品，借别人的资源，借一切能借力的东西。

这几年，热门火爆的"建材团购会""工厂直供会"就是一种典型的连横生态圈打法。

装修业务中，仅主材方面就需要瓷砖、地板、木门、洁具、吊顶、衣柜等多项材料。这些材料品牌在各地一般都设有自己的店面或销售专柜，若总是各自做营销，业主自己一家一家去选购，对双方来说都是巨大的精力消耗。所以出现了多个商家自发组织形成的"材料联盟"。联盟成员在同一主题下，同时宣传并且在同一时间、同一地点做促销活动，集中促成销售。这种做法对商家来说是客户共享、资源共享、广告宣传共享、费用分摊，降低了各自

第二章 运营智慧：为企业注入倍增因子

的营销成本。对客户来说，是在同一时间统一采购，节省了东奔西跑的时间和精力。所以短时间内，"联盟团购会"就在全国大行其道。

连横生态圈的做法在很多行业都可以使用。

以玛尔思总裁课堂为例，我们的对象是各中小企业的管理者，这样的群体就构成了一个企业生态圈。我们计划建立一些机制，尝试推进客户共享、产品共享、资源共享、信息共享、销售团队共享等计划，这也是互联网时代"去中心化"的趋势。

同时，来参加课程的管理者也有想去其他企业参观、学习的想法和需求，也想学习其他企业比较好的经验；而被参观企业也想通过类似的活动，整合更多业界资源，同时提升企业的影响力。所以，总裁课堂会促使大家经常做这样的交流学习活动。

在连横生态圈时，我们需要问自己以下几个问题：

- 我的客户同时也是谁的客户？
- 谁的客户同时也是我的客户？
- 对方为何要与我合作，我的优势在哪里？
- 我能拿出什么策略方案与分配机制与其共享客户？
- 什么样的合作机制能让这样的合作得以持续？

仔细思考这几个问题，也许你将找到连横的广泛机会。

企业的价值最终都是要回归市场，利用平台和合作去撬动彼此的能力，整合彼此的优势，才能互利共赢。

未来的竞争，将是生态圈与生态圈的竞争！

做企业需要广泛测试，不要在黑暗中摸索

创业、经营企业是为了能拥有更好的生活，是为了实现自己的价值和抱负。我们要追求简单、安全、快速的成功，千万不要因为追求事业成功而赌上你的身家性命，将自己置于危险的境地。而测试可以减少风险，避免错误，是简单、安全成功的最佳方式。

测试是终极杠杆。无论是研发产品、实施营销，还是打造团队、创立机制，还是你要推出一个全新的举措、全新的策略，没有人能够保证任何事情百分之百正确。当你拿不准的时候，你可以在小范围内作测试，测试成功就放大，测试失败就放弃，这样便安全得多。

我们做的每一件事其实都是在作测试，测试是发现最好办法的过程。我们要有这个信念，没有失败只是反馈，没有错误只是测试。

做企业就是需要广泛地测试，特别像产品概念、卖点和广告投放更需要不断地测试。我们在研发产品的阶段，把自己关进研究室拼命去研究，风险非常大。很多人这样把产品研发出来，却卖不出去。所以现在的做法是，我们要先找到客户，再去研发生产。未来是 C2B 的天下，消费者直接面对企业，企业按需定制生产。在网络上有很多在线调查工，我们可以先笼络人气，先做调查或者问卷。这个过程中，我们便找到了目标客户群体，接下来甚至可以让客户参与进来，然后再去针对性地生产、发售。

第二章 运营智慧：为企业注入倍增因子

在互联网时代，不管做什么产品我们都要尽可能地使用网络资源，尤其是一些搜索引擎，或是一些电商平台，或者是你自己直接发布一封"销售信"来进行测试等，这些都是我们的重要工具。我们要100%进入客户的世界中去，而不是在黑暗中去研发产品。

广告投放也是如此。比如你本来用一万块钱投放在一家媒体上，现在你可以把这些钱分开，拆分到十家媒体上去投放。这十家媒体产生的结果会完全不一样，其中肯定会有一两家广告效应是最好的，接下来你就需要增加投放量，投入更多更密集的广告。

并且，同一家媒体周一到周六广告效果还有可能不同，广告诉求价值的不同也会引起效果的不同，所以你可以随时测试，适时调整。过去你可能只做互联网广告，接下去你还可以做杂志、电视等其他媒体广告。你还可以去测试一群跟踪好久却没有购买产品的客户，向他们推荐新产品，了解他们对新产品的反馈。测试失败也没什么损失，若是成功了，则一举两得。

美容店几年前做的是"套餐美容"模式。因为这个模式并不包含所有项目，总有一些个性化的项目是需要另外酌情收费的。有时客户就会对此有异议，导致无法成交。

于是，有的美容店又推出了一个新的美容模式，叫"一口价美容"，包含的项目更多更全，价格也更高。他们并不知道"一口价模式"是否会受到市场欢迎，没关系，可以做测试。

测试的方法就是用临时促销的方式，每月限量推出7位"一口价模式"，然后通知之前那些不喜欢"套餐模式"的客户来了解。用这样的方式来做测试，即使失败也不会有任何影响，因为本来就是"临时促销"举措。而一旦测试成功，他们就可以大范围地推广这个模式。后来事实证明，"一口价模式"与"套餐模式"互补，这个策略可以让美容店赢得更多的客户。

我们就是要广泛的测试，你不要等，也不要总想追求完美，要把所有的迟疑变成勇敢地、迅速地、大量地测试。不过记住，测试不是抱着成见去验证，不是试一下看看而已！测试是全力以赴地行动，这样才能加速你的成功！

ZS 讲好故事，轻松传递我们的理念

很多时候，人们往往喜欢通过听故事的方式来接受一些道理。讲故事本身就是一种潜意识的说服，比直接说教更有说服力。故事可使听故事的人在潜意识中形成具体图像，让对方接受故事中的隐藏指令，进而改变其信念和行为。

2012 年，褚橙因为其创始人褚时健的故事，一夜之间红遍大江南北，曾经一度成为中国农产品最知名的品牌之一，成为"精品农业""高端农业"的代表。

"中国烟草大王"的传奇人生，让褚时健登上人生巅峰。71 岁锒铛入狱，犹如刚刚还是飞涨的一只股票突然崩盘。在经历了人生的辉煌与沉沦之后，74 岁的褚时健二次创业，在哀牢山里种起了橙子，一种就是十多年。

第二章　运营智慧：为企业注入倍增因子

一位74岁的老人，在人生低谷中巨大的反弹力感动了无数人，也让普普通通的橙子浓缩了其几十年传奇人生的跌宕起伏、酸甜苦辣，也浓缩了一种不怕失败、勇敢前行的正能量精神。

正因为如此，有故事的褚橙感动了无数人，也引爆了同样级别的农产品无可比拟的销量。

虽然不是每个人都能像褚时健那样拥有如此传奇的人生，但是为了企业获得成功，我们同样需要讲故事。

当然，故事也分为不同的类型。我们怎么去挑选故事，怎么去讲好故事，并把我们的理念传递出去，这都需要技巧。

最吸引客户的故事表达结构一般包括八大部分：引子、背景、挑战、冲突、解决方式、结局、经验教训、行动建议。

(1) 引子。

要想吸引客户听故事，设计好故事引子是很关键的一点。它奠定了接下来故事的基调和整个发展方向。我们在设计故事引子时，要思考这几个问题：你希望对方听完故事作出什么样的思考，你讲这个故事的目的是什么，对方为什么要听你的故事？等等。

常用的能够引起客户兴趣的故事开端一般有："我认为我见过的最好的例子是……""我有这样一段刻骨铭心的经历……"等。

(2) 背景。

故事背景也是故事结构的组成部分之一。故事背景要交代以下内容：故事发生在什么时间，什么地点，主要人物是谁，他要干什么,等等。故事背景要交代详细,为接下来的故事开展做好铺垫,而且交代必要的细节会提高故事的真实度、可信度。

故事背景要根据目标客户的性别、年龄、职业等信息进行选择,以增强客户的代入感。例如,目标听众是女性,我们在塑造故事背景时要从女性视角展开,以更贴近对方的想法。另外,我们在讲故事时,可以适当地将自己塑造成主人公,但不能经常这么做。

(3)挑战。

挑战是主人公首先要面对的问题或机遇的部分,是推动故事发展的催化剂。挑战往往发生在瞬间,并且是出乎意料的。

例如,"在20岁的时候,我就有了四五十人的销售团队,赚了一些钱。不过也许是成功得太早太容易,年少轻狂,不懂珍惜,所以很快失败了"。在这里,"很快失败了"就是当事人遇到的挑战。

主人公遇到的挑战只是一个引子,真正的引爆点其实是接下来的内容冲突。因此,在介绍主人公挑战这一部分的内容时,我们不要做太多的赘述,以免画蛇添足。

(4)冲突。

即有一个事件打破了初始的平衡状态,让当事人意识到了××的重要性,于是有了后续故事的展开。冲突是一个故事的核心,能让听众的情绪跟着你构建的故事走向而起伏不定。例如,"后来,我向很多老师学习,学习了很多的课程,然后到企业里去做职业经理人,做营销总经理和培训总监,其间创造了一系列的佳绩。之后我又出来创业,你猜如何?还是没有成功"!这里的

"还是没有成功"就是冲突。

（5）解决方式。

当冲突事件出现以后，当事人会看见自己渴望的、未被满足的需求，于是需要寻求解决方式。同样以上面的案例来说，当事人会看见自己未被满足的需求，即创业又失败了，我们这时就可以说："于是我继续学习，深入大量地学习、实践，厚积薄发，不放弃。"这样的故事设计既符合情理，又能顺其自然地引导对方为满足需求而做出行动。

（6）结局。

结局是指整个故事和主人公的走向。主人公是成功了还是失败了，问题得没得到解决，等等。例如，"终于，在距离第一次创业失败的十多年后，从五年前开始，第三次创业稳扎稳打取得成功，开创了一片新天地"。这就是故事的结局。

（7）经验教训。

总结经验教训主要是为了将故事导向主题，导向我们所要传达的理念。我们需要通过故事向听众传达"你在这个故事中学到了什么……"。

延续上面的案例，我得出的经验教训是："历经了两次的失败，我终于发现，创业、经营企业要成功，一定要拥有正确的思维，使用正确的策略、方法。"这也是我们所讲的故事的一个价值点。另外，我们得出的经验教训也可以从故事本身得出，就像寓言故事会总结出一个经验教训一样。这是很关键的一环。

（8）行动建议。

这一部分则是引导对方做出行动。例如，"所以，我想和更多的企业老板或准创业者分享我 20 年的感悟、失败的教训和成功的秘诀，让你能避免失败，让你和你的企业能快速成功"。这就属于行动建议。我们在给出行动建议时，要明确、具体，让对方一听就明白，拿来就能用。

总之，人们爱听的故事结构是由引子、背景、挑战、冲突、解决方式、结局、经验教训、行动建议这八大部分组成，我们要做好每个环节的工作，以使故事节奏鲜明，引人入胜，成功传达自己的理念。

运用杂交优势，塑造企业的竞争魅力

科学家袁隆平先生发明的杂交水稻，解决了国人的吃饭问题。杂交水稻将两个在遗传上有一定差异，优良性状又能互补的水稻品种进行杂交，生产具有高产、高抗病性、耐寒的优质水稻品种。

杂交优势是自然规律，也体现在商业竞争中，所以我们可以多加运用，打造我们自己独特的竞争魅力。

我们可以从以下几个方面来探索"杂交"的可能做法。

1. 把其他行业的优秀策略和方法"杂交"到自己的公司来使用

例如，"会议营销"这一营销方式，在中国应该是由保健品行业首创的，曾经是保健品行业最重要的销售方式。后来，这个行业受到了政府严格管控，于是很长时间市场比较萎靡。

2009 年，我将"会议营销"的操作手法引入北京的一家培训公司，小试牛刀便大获成功。后来我把这一模式复制到

第二章 运营智慧：为企业注入倍增因子

更多的企业使用，提升业绩的效果基本都立竿见影，成了他们产值倍增最核心的手段之一。再然后，在培训业"会议营销"演变为"试听课堂""课程团购会""爆破营销"等方式。随着竞争的加剧，我们逐渐加上了"邀请函""会员卡""预售卡"的方式，来提升到会量和筛选客户质量。

我经常和很多企业老板说，其实这些操作手法保健品行业早已经做得轻车熟路，甚至比现在精细很多倍。我们换一个行业来导入使用，几乎只是拿出 1/10 的精髓来结合"杂交"，便已经纷纷创造了奇迹！

所以，我们应当对各行业的优秀操作手段保持敏感，随时去想我如何拿它来"杂交"？

2. 其他公司的独特卖点，和"我"的独特卖点"杂交"

前面讲过，要提炼自己的独特卖点。现在我告诉你，要研究同行或相关行业的独特卖点，然后把它"杂交"过来，"据为己有"，或者和我们的卖点相融合。

比如，某矿泉水广告说"27 层净化工艺"，你搞出一个化妆品卖点"15 大原料、27 项加工、6 级品质管控"，这样数字呈现的方式，能让人感到货真价实。

某品牌木门的广告说："买木门，一定要看过××之后再作决定！"你可以来一个："订婚庆，一定要了解××婚庆之后再作决定！"

3. 跨界：跨越替代品、互补品以及品类边界进行杂交

微型都市代步车"smart"是梅赛德斯—奔驰与手表巨头

069

Swatch 公司合作诞生的颠覆性产品，卖点也很有意思："在 smart 的眼中，城市处处都是停车场，每次停车都是闪亮焦点。"因它实在是太"萌"，停车又太不占地儿了。

又如小品与话剧、杂技，甚至是演唱会的跨界杂交，最突出的可能要数"东北二人转"了，将我们所能想象到的各种娱乐元素、表演形式混搭在了一起。演员的表演完全超越"说学逗唱"的范畴，简直就是无所不能，挑战我们认知的极限。"二人转"杂交得多元而彻底，在众多的民间表演艺术中一枝独秀，拥有旺盛生命力，总能赢得更多观众的热情回应。

"杂交"作为一种创新策略，可能让我们发现企业的"蓝海"。

懂得卖点升级，自然商机无限

随着社会的进步，人们生活水平的提高，人们的需求，期待越来越高，这就要求企业为客户提供的价值、服务、卖点也要升级。如果升级的速度能超出客户的期待速度，就能持续赢得客户。

举例来说，空调原来只要能制冷制热就好，现在还要无氟、节能、静音、除尘……原来脱毛仪的卖点是"快速脱毛"，现在升级出"无痛脱毛""脱毛还嫩肤"……

即便是曾不可一世的企业，也会因赶不上市场和客户需求升级的速度，纷纷被遗忘在历史的角落，像诺基亚、摩托罗拉等。

客户的需求就是企业发展的方向，发掘市场需求要吸收新资源，吸收框架外的资源进行卖点的升级。

如何升级？我们不妨想一想，客户在购买了我们的产品后，

第二章 运营智慧：为企业注入倍增因子

他会有什么困惑或麻烦，还有什么没有被满足的期待。可以参考下面这些示例。

"灯具店"，变成"全屋灯光设计"；
"英语培训"，变成"出国留学解决方案"；
"海外房产中介"，变成"快速移民整体解决方案"；
"海外就医"，变成"私人健康定制"；
"装修公司"，变成"家装体验馆"；
"健身教练"，变成"私人塑身陪护"；
"心理咨询"，变成"身心健康教练"；
"理发师"，变成"整体形象设计"；
……

在将卖点进行升级的同时，我们将扩展市场，把握全新的机会，赢得更多的客户。当然了，这同时需要我们扩充相关的专业人才、提高服务水平，不能只是噱头，有名无实。

另外，在某些情况下，我们要懂得卖点游离，就是根据需要灵活变换卖点，同样的产品，卖不同的主张。

例如，我们可以在置办促销活动时不断改变卖点，每次活动做一个主题，或是一次突出某几个不同的卖点，更灵活地吸引不同的客户群体。

那么，如何让我们的卖点和价值与众不同？整体原则是，我们可以针对人们习以为常的一个现象，提出一个与之相反的观点，然后围绕这个观点展开系列的讨论。这就是先"破"后"立"，先破除一个常识，建立一种观点，反其道行之。

打破产业边界，开创没有竞争的蓝海

所谓蓝海，指的是未知的市场空间，意味着创造新的市场。与此相反，红海指的是在现有市场中的竞争。通过打破产业边界，从而开创一个没有竞争或竞争不激烈的新市场，这就是蓝海策略。

为了寻求持久的增长，我们往往与对手针锋相对地竞争，为竞争优势而战，为市场份额而战，为差异化而战。然而很多时候，硬碰硬的竞争会让我们陷入血腥的红海，与对手争抢日益缩减的利润。如果我们只是着眼于现有的红海格局，在红海里厮杀，可能将越来越难创造持续增长。

所以，我们不仅要打造自己的竞争优势，更要懂得开创蓝海市场。

1. 我们要进行价值创新

要开创"蓝海"，我们将不是以竞争对手为标杆，而是采用完全不同的逻辑——价值创新，即全力为买方和企业自身创造价值，由此开创新的无人争抢的市场空间。

价值创新是蓝海策略的基石，在这里，价值和创新同等重要。若只重价值，不重创新，容易使企业把精力放在小步递增的价值创造上，这种做法能改善价值，却不足以使你在市场中出类拔萃，而只重创新，不重价值，又容易使创新成为比拼技术的工具，或一味追求新奇怪诞，结果可能超过客户的心理接受能力和购买力，可能由创新的"先驱"变成了"先烈"。

所以，我们只有把"创新"与"效用"、"价格"与"成本"整合在一起时，才是有意义的。

2. 价值创新的同时，要追求差异化和低成本

蓝海策略价值创新的思想，完全有别于西方管理经典中竞争战略的思想。价值创新同时追求差异化和低成本，成本节约通过取消或压缩某些成本要素实现，而随着时间的推移，未来的规模效应也会进一步促进成本下降。

那我们可以如何操作来开拓蓝海市场呢？我们可以使用剔除、减少、创造、增加的创新坐标。

（1）剔除：哪些被行业习以为常的元素，我们可以剔除？

（2）减少：哪些元素应该被减少到行业标准以下？

（3）创造：哪些元素行业从未有过，我们可以创造？

（4）增加：哪些元素的含量应该被增加到产业标准以上？

剔除和减少在于节省成本、扩大需要，创造与增加在于实现差异化与新价值。

利用以上价值创新坐标能给企业带来什么好处？

（1）让我们能同时追求差异化和低成本，打破价值与成本的权衡取舍。

（2）提醒我们把握追求增加和创造的度。产品和服务设计太超越现实需要不仅没有必要，而且会增加企业成本。

（3）易于大家理解、掌握，能够得到团队的高度参与和支持。

（4）填写坐标格的难度让我们能重新审视习以为常的误区，打破框架发现机会。

蓝海策略是一个产生策略的策略，我们可以从广泛的角度来开拓全新的市场空间。比如我们可以选择小众市场，明确只为部分人服务；可以跨越行业边界，取长补短，有形商品加无形价值杂交组合，创造新品类、开拓新市场；可以让产品与众不同，提供差异化解决方案，提供独特价值；可以跳出竞争看竞争，跳出产品看思想，跳出行业看未来，把握未来的主流群体，超越推销，升级营销等。

第三章 团队管理：凝神聚力创出合作辉煌

随着市场竞争的日益激烈，单打独斗的时代已经结束，取而代之的是团队合作。企业更强调团队精神，建立群体共识，以达到更高的工作效率。团队中，如何让每个成员融入团队，和其他成员共同努力、精诚协作，看起来很容易，但做起来非常困难。对此，卓越的团队管理就显得尤为重要。当然，打造一支高效的团队绝非一朝一夕之事，需要领导者在具体工作中运用各种管理方法，从而将团队的力量发挥到最大。

果断清除"病毒",保持团队的健康

在企业的发展过程中难免会出现不适应的员工,包括其工作能力无法适应工作的需要,或者其品行给企业的形象带来了损害,又或是其和企业价值观的差异较大,无法融入团队,等等。

这些人在工作岗位上非但不能创造价值,还可能给企业带来负面影响,如同"能量黑洞"一般,消耗着企业的能量。这样的人就仿佛是附着在健康机体上的病毒,如果置之不理,必然会对企业造成伤害。

假如计算机系统感染了病毒,你会怎么处理?通常都是用杀毒软件将病毒清除或隔离,更严重一点,如果病毒引起系统崩溃,就只能重装系统。

同样地,对于企业团队中的"病毒",也和计算机杀毒一样,主要有几种处理方式:"隔离""清除病毒"。

1. "隔离"

有一些员工本身尽管具备一定的专业能力,能做事情,可他却不擅长团队协作,或是个性过于张扬,举止多有不当,有意无意间可能会为团队带来负面影响。如果你既需要他的专业能力,又不希望他为公司带来不好的影响,此时"隔离"可能就是一个不错的选择。

你可以专门给他一间独立的办公室,或是为他设置一个只有他自己一个人的部门,让他当个"光杆司令",对这个部门的考核就取决于他个人的工作成果。这样可以让他心无旁骛,只需要专注于将自己的事情做好就行了。

此外，有时候在企业里还有一些员工对公司一片忠诚，然而他的能力却无法满足公司发展的需要。对于这样的人，可以把他们安排到一个可以胜任的部门去工作，而你要做的就是帮助他们找到能胜任的部门和岗位。

2. "清除病毒"

"隔离"是在当无法令下属做出改变的情况下的一个权宜之计。如果员工既无法作出改变，也不能为公司创造任何价值，甚至他的存在已经为团队带来了负面影响的时候，我们就应该采取第三种方式，即"清除病毒"，也就是果断将问题员工辞退。

不过，辞退员工并没有那么简单，假如处理不当会导致被辞退人员与企业的矛盾，他可能会在原公司和业内传播对原公司的不满，从而对企业和老板的口碑和形象造成影响。

有统计数据表明，一个人的强烈不满情绪至少会传递给25个人，间接的传播则无法估量，假如被辞退的人员正好从事宣传、营销等与媒体有密切关系的工作，那么这种影响还会进一步扩大。不良的口碑传播会对企业招聘新人造成不良影响，也不利于公司内部的团结。更有甚者，一旦矛盾激化到了一定程度，会直接导致公司的高层或是具有一定影响力的管理者转投到竞争对手那里去，或是促使他们自立门户，那无形中等于又为自己增加了一个"竞争对手"。

辞退员工时处理不当，还会造成另一个负面后果，就是会加重在职员工的不安全感，让他们时刻担心自己某一天也会有和被辞退者一样的遭遇。其他员工很容易将别人的遭遇代入到自己身上，进而揣摩公司管理者的处事方法和能力，逐渐对管理者和公

第三章　团队管理：凝神聚力创出合作辉煌

司产生不信任感，从而降低公司的凝聚力。

对于企业而言，在辞退员工的时候，还要注意规避法律上的风险，避免引发劳动纠纷，影响企业的正常运营。

总之，为了保持团队的健康和活力，企业管理者一定要发挥聪明才智，果断地处理"病毒"。

弄懂人性，才能更好地使用众人的才能

作为一名中小微企业的管理者，你可能常常会困扰于这些问题：销售问题、客户问题、员工问题、产品问题、家庭问题……往往只是一个微不足道的问题，也要你亲力亲为去解决，耗费了你大量的精力，降低了你的工作效率。所以你每天都被各种琐事缠身，疲于应付，却始终无法找到问题的根源。

不管你多么努力，好像要获得别人的认可总是不容易：员工不好管理，客户拒绝下单……其实这些问题的根本原因在于你对人性不够了解，你付出得再多，但不是他们想要的。只要把人性弄明白了，这些问题都会迎刃而解。

1. 人性中的三套软件

员工和团队的问题不外乎三个方面：一是立场不坚定，怀疑自己所在的行业，怀疑自己选择的公司，怀疑公司的产品。因为怀疑，所以思想飘忽，缺乏定力，因此没有斗志。二是动力不足，做什么事情都一味追求结果，只有赚钱一个目的，实现自我价值的欲望不强烈，因此很容易懈怠、半途而废。三是能力不足，想做事，却没有相应的策略和方法，于是效果不好。

研究表明，人的潜意识由价值观、信念、能力三套软件构

成。这三套软件决定了一个人的行为表现,想要改变一个人的行为,必须先改变或"重装"潜意识里的这三套软件。

(1)价值观是当你面对事情时心中的判断和选择取舍的标准,就如同汽车的发动机,是一种高于制度的内心准绳。价值观是一个人做事情的动力,会指引一个人的某些行为。只有树立了正确的价值观,人才会产生荣辱之心,加上利益的驱动,员工或团队才会有追求卓越表现的欲望、实现价值的企图心,做事才更有动力。

(2)信念就是内心一种坚定的理念,如同汽车的方向盘,能指引一个人做事的方向。为了让员工和团队的立场更加坚定,我们要让大家对所属的行业、所在的公司和自身岗位价值都有清晰的了解,这需要企业有计划地不断重复宣传推广,这就是"装软件"的过程。

(3)能力就是做事情的技能以及所掌握的策略和方法,如同一部汽车的车况。假如一个人的能力不够,就需要有针对性地进行指导和加强训练,因此凡是优秀的企业,都有自己内部的培训和培养机制。

假如用一部车来比喻这三套软件的话,"信念"是方向,解决"往哪儿跑"的问题;"价值观"是动力,解决跑不跑的问题;"能力"则解决"跑多快"的问题。

2. 把"对事不对人"变成"对人不对事"

在第二次世界大战期间,巴顿将军从一份报告中发现了一个奇怪的现象:盟军牺牲的士兵中,竟有一半是由于跳伞时降落伞失灵摔死的。于是巴顿下令严查此事,下属的回答是这个问题早就向厂家反映过很多次了,却总被厂家以各种理由推诿。巴顿将军听后大为震怒,他叫人把那个厂长找来,让他背着降落伞从高空跳下,还说以后要不定期抽伞包让他跳。从那以后,盟军士兵再也没有由于降落伞失灵而阵亡了。

所有的问题都是人的问题。不管什么事,背后都是人在操作,一切问题的发生都与人有关,而且往往只和一个人有关。只要你搞定了这个人,这些问题也就迎刃而解了。巴顿将军解决问题的办法就是这样,不纠缠于具体事物,也不探讨原材料的问题,更不谈论什么质量和管理,一道简单粗暴的命令让厂长跳伞,效果立竿见影。

所以,就从现在开始研究你的员工吧,学习一些教练式管理的思维和方式。尤其是对你的得力手下,"对事不对人"已经不适用了,现在应该要"对人不对事"。

3. 人的本性就是"自私"和"利己"

有一位高级官员到县城视察,现场进行了交通管制,封锁了几条主干道,所有车子和行人都被堵在路上,一时间怨声载道。此时一位年轻的妈妈接孩子放学,着急回家做饭,对于这种倚仗特权扰民的行为,刚开始愤愤不平,不停抱怨。然而,当那位高官的车队经过她身边时,她却摸着孩子的头说:"孩子,你要是将来也能这么威风,妈就知足了!"

看,这就是人自私的本性。这位年轻的妈妈一方面抱怨高官侵犯民权,另一方面却又希望自己的孩子将来成为那样"威风的人"。在实际生活中,许多人都痛恨贪污腐败,但是一到了自己需要办事的时候,却也先想着托人找关系、走后门。实际上,让我们产生愤恨的并不是现实的不公平,而是在这个天平中,我们处在不利的位置。

当我们对人的动机和行为进行研究之后,会发现每个人都会选择最符合自己利益的行为,却不会顾及对别人是否公平。换句话说,其实"自私"和"利己"就是人的本性。

既然是天性,我们就难以改变,只能顺应。老板要认识到,团队里的每个人天生都是"自私"的、"利己"的,想要让他们为你效力,你就必须满足他们的需求。你越利他们、越成全他们的自私,他们越可能会跟随你!

在销售的过程中道理也是一样的:想要成就自己的利益,就要利于客户。不管客户做什么,他的动机都没有错。我们首先要认可他的动机,然后告诉他,有更好的方法让他达成目标,这样就可以引导客户改变他们的行为。

当我们搞懂了人性,就可以看明白许多事情。自私是人的本能,并非十恶不赦,很多时候恰恰是因为自私才有动力去满足自己的欲望。我们不要挑战人性,而是要善用人性,最终获得自己想要的结果。

4. 人们只忠于"利益"

所谓忠诚,都要在一定的现实环境框架内,从来就没有无缘无故的忠诚。从人性的角度来看,一个人的忠诚不会是最终目的，一定是想通过忠诚获得什么，或者说能从中得到什么好处。假如现实环境改变了，好处不复存在，或是还有另外一个好处大于这个好处时，他"忠诚"的信念就会动摇。试想一下，有一天你的公司遇到难关，公司里那些赚钱最多的员工很有可能是最先离开的那一批人。

员工只会对公司能够带给他的利益忠诚，从人性的角度来看，这再正常不过了。因此，想要别人对你忠诚，你就必须让他明白，他只要忠诚，就能持续获得想要的利益。要想让员工忠诚，公司就要想办法维护员工的利益。换句话说，只有持续的利益，才有持续的忠诚。

5. 认识人了解人，你将无所不能

不管是平民还是高官，穷人还是富人，不管他取得了多大的成就，他的思想都是由价值观、信念和能力构成的。每个人都有自己的行为准则和信仰，一旦把人性研究透了，引导他的行为就变得容易了。

有句老话说"人心隔肚皮"，实际上，这是因为我们没有好好研究人性。如果我们对人性没有足够的了解，即便是一起生活多年的人，我们也看不透。假如我们把人性摸透了，就可以轻松地搞定客户、管理员工和经营家庭。

很多企业一旦上了规模，随着业务的增加、员工的变多，事情千头万绪，老板就不知道该怎么抓重点了，东一榔头西一棒槌。实际上，企业经营的核心就是经营人，只要把人研究透了，对人性有了充分的认识和了解，你就可以无所不能，因为所有的难事都是靠人去解决的。

我们一定要了解人性、顺应人性，而不是违反人性。当我们充分满足了人的欲望，才能俘获人心，更好地使用众人的才能。

激发员工的主动性，让他们带着希望工作

企业管理的核心就是员工的管理。员工如果没有激情，干活就没有动力，或者动力不够持久；花费大量精力培养出来的优秀员工，往往在翅膀硬了的时候就出去自立门户……如何才能让员工将公司的工作当成自己的事业？如何才能让员工在无人监管的情况下自觉地出工出力？怎么能让他们在工作中充满激情和动力？怎样才能让他们一直忠诚地跟着公司发展？这些都是老板在管理员工时经常要面对的问题。

要解决以上这些问题，实际上就是要在大家的脑中植入三套软件——树立价值观，激发企图心和欲望；坚定信念，让大家相信只有在你的平台上才能得到他想要的；提高能力，学习更多的策略和方法来获得成果。

1. 管理者要善于分配

大家因为什么原因聚集到公司？简单讲就是来分配的！

我想应该没有哪个管理者会整天对着自己的员工训斥，指责他们不把公司的事当成自己的事情。整天对着员工说"要把公司当成家"，有什么用呢？员工是否会把公司当成家，只取决于他从公司得到了什么。假如他从公司得到的利益，都不足以维持生计的话，你叫他怎么把公司当成家？

试想，假如一个家庭无法为一个人带来什么好处，既感受不到温情，也得不到体恤，他可能连家都不在乎，何况是公

司？反过来，假如员工在你这里获得了足够多的利益，而且这个好处无法从其他地方获得，他自然会把公司的事当成自己的事。

因此，想要留住人才，管理者一定要舍得分钱，为人才买单。如果你不懂得分配利益，那么你的员工永远都不可能以公司为家，那样凡事你都要亲力亲为。

你只有先把企业变成一个温暖的大家庭，把员工看作家人，员工才会以公司为家，肯为家事操心。

2. 信念一致，方可同行

在《西游记》的故事里，取经团队是这样组成的：慈悲为怀的唐僧，天不怕地不怕的孙猴子，谨小慎微的沙僧，贪吃懒惰的猪八戒，任劳任怨的白龙马。在这个团队里，几个人的价值观各不相同，去取经的目的也不一样：唐僧的目的是普度众生，孙悟空的需求是荣誉，沙僧的需求是安全，猪八戒的需求是生理，白龙马的需求是归属感。然而，他们却有一个共同的信念——他们的追求都可以通过取经得以实现。所以，无论这几个人真正想要的是什么，只要他们相信，完成取经就能够实现自己的目标，这个团队就会坚定不移地走下去。

员工的价值观有不同：有的人为了赚钱，有的人为了稳定，有的人为了成长，有的人为了荣誉，还有的人为了找对象……一个团队里的价值观是很难统一的，可是只要大家保持一致的信念，就可以一路同行。

因此，管理者需要给员工明确传递一个信念：无论你来公司的目的是什么，我们公司的平台都可以帮助你实现梦想。如果你能让员工持续地坚定这个信念，你就能够将人才留住。

3. 善待员工，满足心理需求

人的需求分为两种：物质需求和精神需求，物质需求通常是有形的实物，如金钱等；而精神需求则是人们常说的心理需求，通常是无形的，包括尊重、赞美、认可、荣誉、爱与被爱等。心理需求虽然无形，却能够主导人的主观行为，也是一些行动的原动力。

有些管理者总觉得我只要给员工发工资，他拿钱帮我干活，天经地义，两不相欠。其实并非如此，对于员工而言，金钱只是他想得到的一部分而已，他选择继续留在你公司，一定还有更大的需求。假如他无法受到重视、得到认可，光靠工资是很难留住他的。

公司对员工的重视程度直接影响到他们的斗志。假如公司对员工重视不够，无法让他找到存在感，那么荣誉感、责任感就更无从谈起了。他就会把这些消极的东西在公司里传播，进而传递给同事和客户，既不利于公司内部的稳定团结，也会造成资源的浪费。

因此，管理者不光要让你的员工从你这里获得薪水，更要采取一些措施照顾到员工的心理需求。

4. 抢占员工的思想阵地

一个企业的发展，如同进行一场战争。在发展的某个阶段，很有可能出现目标不明确、方向不坚定等情况，这些都可能会大大削弱组织的战斗力，造成士气低落、军心动摇。而且这些负能量还会像病毒一样迅速蔓延，逐渐扩散到每个细胞，直至整个机体毁灭。

因此，企业管理者必须具备一项重要的能力——给员工换程序，占领他们的思想阵地。如果老板不能占领员工思想的阵地，外界的一些思想就会影响到他们的价值观和信念，从而让他们失去动力，或者掉转航向，与你背道而驰。

那么，怎样才能占领员工的思想阵地呢？很简单，老板必须具备良好的公众表达能力，一定要亲自走上讲台。当老板走上讲台，一对多地更换员工"程序"的时候，就能帮他们杀死"病毒"，就像电脑重装系统一样，员工自然就变得好管理了。

所以，一个优秀的老板必须要能够让自己的员工崇拜，走上讲台展现风采是必须跨出的一步。可以说，只要老板站在讲台上，企业的魂就在！

人才是团队的中流砥柱，应给予足够的重视

人与人之间的差别很小，也很大。如果你去问一位技术总监，在手机行业，一位优秀的工程师相当于多少个技术人员？他一定会回答你："100个！"如果你去问一名营销总监，一位顶尖的销售人员相当于多少位普通的销售人员？他一定会回答你："至少是50个，甚至100个！"

许多管理者都说自己找不到好人才，然而愿意为人才"买单"的管理者却凤毛麟角。因为这些管理者的心里总觉得，多给

员工发工资很亏。其实并非如此，一位优秀的员工可以为企业带来的价值绝对会远远超过你给的那点工资。

一个人才拥有的能力能够帮助你的企业盈利，至少超出了他收入的10倍以上，甚至更高。假如你愿意付给他三倍或者五倍的工资，他一定会非常开心，于是就会加倍努力工作，以此回报公司。这样就会在企业和人才之间形成一种良性循环，最终也会帮助企业获得更多的收益。

我的一位助理原本是一家大型国企的工程师，在普通人看来，他的工作已经很不错了。但是经过我不断的鼓动，他辞职加入了我们公司。在加入我们公司的第一年，他的年收入就比以前增长了十倍以上，他用一年的时间就赚到了他以前同事十年的收入总和！

这不是重点，重点在于他在之前的公司从事的是技术工作，从来没有任何销售的经验，也没有接触过培训行业。只因为我发现他身上的某些特质适合做这项工作，当他的能力与我为他提供的平台结合以后，他的价值就增长了数十倍，而我仅仅付出了相当于他之前收入十倍的工资。而且只要他在公司，就会持续不断地为我们公司创造价值。

当我们在人生中寻找自己伴侣的时候，总是希望获得更好的生活，同样地，企业也需要找到可以帮助其快速发展的人才。所以，管理者们在对待人才时，一定要舍得投入，就像追求自己心仪的对象那样，才能让人才感受到被重视，继而获得他的支持。

在很多时候,找到一个人才就相当于找到一份事业。

然而,当人才加入我们以后,接下来还要考虑怎样使用人才、留住人才。高端的人才常常个性鲜明,你永远不要指望他会对你唯命是从。因此,我们提倡"三不"原则。

一是"看不见":当我们明确了工作目标以后,要真正把工作落实到每个人身上,不要随意干涉他们做事的方法。人才在做事的时候往往喜欢按照自己的方式去做,他们通常都高度自律,反感过多的监控和干涉。所以作为管理者,你只要关注他的工作成果,把控好结果就行了。这样既能让员工感受到被信任,同时也是考察一个员工工作能力的机会。

假如员工在工作中出现了失误,老板也不要大发雷霆,或是急于出手帮他解决,因为这是企业选人必须承担的成本。假如下属刚刚出现失误,管理者马上就出手挽回损失,那么很容易给员工造成依赖心理。假如今后再遇到问题的话,他就不会主动去寻找解决方法,而是坐在一边等管理者来相助。这样一来,不但人才的主观能动性遭到削弱,降低了团队的效率,甚至还有可能让人才变成废材。如果发生了这种情况,那么你失去的将不只是一时一点的损失。

二是"听不到":作为管理者,有时候也应该装"听不到",不要一天到晚去关注那些小道消息。只要与公司发展无关的消息,管理者都应该"听不到",避免让这些消息阻碍了重要消息的传播渠道。可是有些管理者就很乐意打听这些小道消息,有的甚至会主动向员工打听。殊不知,这样做不仅让员工为难,同时也会让整个企业的气氛陷入紧张。因为每个人都会担心有人在管理者面前说自己的坏话，从而导致员工之间关系剑拔弩张，十分不利于公司的发展。

三是"做不了"：身为管理者，在一些事情上也要适当地表现出自己"无能为力"，这样才会调动公司员工的工作积极性，激励他们充分发挥自己的能力。

一个企业的管理者通常有许多重要的事情要做，因此没必要凡事都亲力亲为。因为这样做除了打击员工的工作积极性，令他们逐渐产生依赖的心态，阻碍企业的进一步发展，对企业没有任何帮助。道理听上去很简单，然而在实际的操作中却鲜有管理者能做到。特别是在中小企业里，大部分管理者都是所在行业领域里的专家，当他们看到员工在做事时稍微有些不足，就会忍不住去插手，不但意识不到这种行为的危害，还指责员工的办事效率太低。这样做是绝对不会让员工产生工作热情的。

那么，到底在哪里能找到合适的人才呢？

我们常说"千里马常有，而伯乐不常有"，这句话说明人才是永远不会缺少的，缺少的是管理者"识人才"的眼光。没有眼光的管理者，再多人才在他面前，他也会视而不见。

现实中到处都有人才，他们就像隐藏在沙砾中的珍珠。一旦被"伯乐"相中，获得施展才华、成长发展的机会，他就会使出浑身解数证明自己，回报你的知遇之恩。对管理者来说，如果发现企业中有这样的人才，应该毫不犹豫地加以利用，别将人才的能力耗费在无足轻重的小事上，而要让人尽其才，让人才为企业创造更多的价值。管理者应该做到以下几点：

(1) 给人才一个机会。让他有一个能够证明自己能力的机会，这样不但可以让他对你产生信任，也会让其他员工真心佩服他，对以后的工作也会起到重要的推动作用。他也会由于你的赏识更加努力工作，从而为企业创造更大的业绩。

（2）在管理上区别对待。优秀的人才并不会觉得管理者是权威，对于管理者的管理策略他会提出自己的不同想法，如果对所有的人才都使用一样的方法，是不可能管理好他们的。所以管理者应该区别对待，这并不意味着要给谁特权，而是为了更好地管理。

（3）及时赞美人才。当人才取得成绩时，管理者应该及时给予赞美和鼓励，让他感觉到你对他的欣赏与器重，而非嫉妒，从而使他能安心地在这个企业待下去。否则他就会觉得自己取得优秀成绩让你在员工面前失去了领导的威严，为了避免受到你的猜疑，他就会考虑另谋出路。

（4）给他安排更具挑战性的工作，并在他取得突出贡献时，及时给予特别的嘉奖。优秀的人才通常都会期待更富有挑战性的工作，当管理者安排给他这样的工作时，他就会感受到管理者对他的信任，同时也会对这项工作更加充满激情，从而发挥出最佳的工作状态。另外，当优秀的人才为企业做出一些较为突出的贡献时，应给予他们一些特别的奖励，不管是更高的薪水还是其他方面的特殊奖励，都会让他情绪高涨，否则就会打击他的工作热情。

（5）为他提供更多的学习发展机会。再优秀的人才也需要时常"充电"，你可以经常为他推荐一些有用的书籍，或是为他创造一些学习深造的机会，这样有助于让他持续提升工作能力，也会让他对企业更加忠诚。

主动出击，一定能找到合适的"牛人"

Facebook 的创始人扎克伯格有一个非常经典的"100 倍人才论"。他说："比起一般的人才，非凡的顶级人才并不仅是好一点点而已，而是好 100 倍！"从这句话中，我们不难看出扎克伯格对顶级人才的重视，也能看出对一家企业来说，顶级人才有多么重要。在创业的初期，扎克伯格就十分重视招揽顶级人才，只要遇到合适的人才，就会尽力去说服他，向他说明 Facebook 将如何改变世界，以此赢得顶级人才的青睐。

既然顶尖人才可以"以一当百"，那么作为管理者，应该花多少时间去寻找人才呢？我认为，管理者至少应当花一半的时间来找人！

诚然，在吸引顶级人才的时候，大企业确实会有更大的优势。每年的校园招聘里，知名公司的宣传声势和规模总是最抢眼的。在各种主流的最受欢迎雇主企业排行榜上，大企业也占据着主导地位，仿佛要将天下所有的人才都收入囊中。而中小微企业由于条件和资源的限制，无法与大企业相提并论，也就只能找到一些普通的人才。

事实真是如此吗？难道中小微企业就一定招不到顶级的优秀人才吗？答案是否定的，只要我们主动出击，就一定能找到合适自己的人才！

第三章 团队管理：凝神聚力创出合作辉煌

1. 通过哪些渠道才能找到"牛人"？

（1）从竞争对手那里"挖墙脚"。

我们最需要的人才究竟在哪里？竞争对手那里是个不错的选择，他们那边人才的最大优势是容易上手，因此作为老板需要时常关注竞争对手那边的人才。

假如从一个方向行不通，我们还可以尝试从其他方面去挖掘优秀的人才。无论是通过亲朋好友介绍，还是企业自己去发掘，这些都是寻找优秀人才且行之有效的方法。不过，在寻找人才的过程中，最重要的一点是要学会与人才"交心"，一定要让这些人才切身体会到我们对他的重视，准确把握住他的心理需求，这样才能将他收为己用。

此外，假如我们提出的条件不足以打动这些优秀人才的话，我们还可以去了解优秀人才所在公司的人员变动情况。如果优秀人才在他的公司受到其他员工的排挤，我们就可以果断出击，这样成功的可能性就很大。

（2）准备诱饵，果断出击。

一个人是否是真正的人才，往往会在客户面前展现出来。因此，老板在任何地方消费的时候，都可以留心观察，发现人才，比如卖保险的，做直销的，卖保健品的，做汽车美容的，餐厅、酒店领班服务生等。这些人往往阳光、热情、诚恳、专注、认真、享受当下的工作，很可能是难得的人才。

我们平常可以随身带着名片，一旦遇到这样的人才，不妨诚恳地邀请他到公司面谈，互相深入了解。很多时候，来自其他行业的人才也会给我们带来不少创新的灵感，经过简单的培训后，他们的工作成果往往足以让我们惊叹。

（3）建立全员一起"找人才"的机制。

发动企业员工利用他的人脉资源，鼓励他积极从自己的朋友圈里搜罗人才进行内部推荐，也是招揽人才的一种十分重要的方式。

发动员工向公司推荐人才，一旦推荐成功，推荐人可以获得一定的物质奖励或其他福利。我们可以将这种做法变成一种持续的长效机制，为每个重要岗位定出一个价码，如分为总经理级别、总监级别、经理级别、优秀员工级别等，明码标价，用金钱或实物奖励的方式，发动员工一起"找人才"。

（4）进行校园招聘宣讲会招聘。

校园是卧虎藏龙的地方，可以针对专业与工作对口的学校，专门开一场招聘宣讲会，介绍公司和招聘的岗位，找到优秀有潜质的人才。如果老板本人的口才不错，那就直接到现场进行招聘宣讲，效果更佳。

（5）其他方式。

校友录、某公司的内部通信录、车友会、培训会、公司业务人员的名片夹、QQ群等，还有一些专业的论坛、微博、微信朋友圈等，这些地方都有可能隐藏着优秀人才，可以好好利用。

2. 和候选人面谈的重点

（1）在给人定性之前先定义工作。

公司里某个岗位所需的技能、经验和能力，并不是对岗位的定位，而是对一个人的定性。想要突破优秀人才的瓶颈，第一步就要告诉候选人，该岗位在理想的状态下需要做哪些事情，即基于绩效的职位描述。优秀的候选人会通过这些信息来判断自己对这个职位是否感兴趣，是否有足够的吸引力让自己跳槽。

（2）谈话而不是推销。

在交谈的时候，不要像做销售一样一上来就直接推销职位和公司。假如我们不了解对方的需求，那么介绍就会抓不住重点，效果自然也就大打折扣。因此，我们可以通过与对方的交流，去寻找那些真正能够吸引他们跳槽的因素。找到双方的合作契机以后，再进一步沟通细节问题。

（3）适时反客为主。

对于那些已经在职的人而言，换工作无疑是一个重大的决定，需要额外的时间去评估所有的选择。因此，在初次交谈时，先找到我们对职位员工的期望与候选人能力之间的差距，包括专业范畴、过往成绩、工作时间和地点等。接下来，向候选人表达你的顾虑以及这个职位的成长空间。一旦这些候选人在此时变得活跃和主动，试图证明自己是符合你的职位需求的，并表现出进一步详谈的兴趣的话，那么祝贺你，你已经成功打动他了。

（4）先不要谈钱，谈谈职业前景。

要让一位优秀人才长久地留在一个企业，金钱并不是唯一要考虑的因素。假如一味地承诺给他高薪，只会让他看在钱的份上暂时加入，那么一旦以后有其他企业用更高的薪酬聘请他的话，他也会毫不犹豫地离你而去。

因此，在聘用优秀人才之前，先不要急于谈钱，而要先让他充分了解这项工作的职业前景。假如你的企业可以为他带来持续的发展，能够让他不断地提升自身的价值，这无疑比高薪更加具有吸引力。

从长远发展来看，过程和结果同样重要

过程管理的目的是起到推动、监督、纠偏的作用，所以要把控工作的关键行为和关键节点，以便更快、更好地达到最终目标。

我们不能将团队的成功寄托在高度自觉自律的"能人""神人"身上，要靠一群普通人将事情做好，创造奇迹。当企业团队规模还很小的时候，可以采取人盯人的方式，用家庭式、感情化的管理。但是在团队壮大了以后，就必须采用过程管理的方式，一定要系统化、标准化和流程化。

有的老板说："我就希望大家都能主动自觉地去工作，把事情做好，我不太想总去检查监督……"这样的想法固然很美好，可是希望越大失望就越大，人们会做的是你检查的事情，而不会一直去做你期望的事情！如果一个国家总是提出一些价值观去引导民众，但对那些严重违背价值观的人却没有相应的法律去约束和惩戒，这个国家无疑会变成一团乱麻。

其实，管理的入口往往是从"我不相信"开始的。众所周知，是人就会有惰性，在大家的内心深处都想偷懒、走捷径，而且还总会受到各种诱惑，从而停滞不前或者偏离目标。正因为"我不相信"人人都会自觉、自愿、自发、主动地把事情做到位，所以我们才需要过程管理的检查和推动。

有一家企业年产值达到一个多亿,在全国有多达500人的销售队伍。尽管企业的人数一直在增加,可是整体的效益反而呈下降趋势,甚至一年不如一年。企业的管理者十分焦虑,重金从大公司挖了两个非常优秀的销售管理者过来,分别担任销售总监和销售副总。

对于这种销售团队整体效益不增反降的情况,销售总监的看法是:"我们必须强调结果,增强销售人员的结果意识,树立硬性指标,如果完成就给予奖励,完成不了就处罚或开除。"

销售副总却持不同意见:"这么做会让许多人破罐破摔,后果就更糟糕了。你原来就是定指标、管结果,可是效果怎么样呢?我们应该管理销售人员每天的销售过程和具体行动细节。例如他拜访了几个客户,和客户交流了多长时间,是否推动客户进阶等。一旦我们把这些细节都管理好了,自然会得到我们想要的结果。"

到底谁说得对呢?这个老板左右为难,来问我的看法,我是这么建议的:

首先,要对被管理的人和事进行定位。对于相对成熟的人和事可以进行结果管理,而对于不够成熟的人和事必须管过程。比如,一个在公司做了三年的销售人员,完全熟悉了公司的流程和制度,而且最近一年几乎都没有犯过什么错误,那么就可以对他进行结果管理。反之,假如一个新人刚入职,很多事情都不了解,那么就必须进行过程管理。

接下来这个管理者又问了：到底该如何判断人和事是否成熟呢？

关键就在于"新"。刚刚加入团队的新人，肯定不够成熟；刚刚制定的方法和模式，也是不成熟的。在这两种情况下，你都要管过程。当然，结果也很重要。

管结果就意味着你要定期为整个团队和团队中的每个人制定一些合理的硬性指标。同时，要定期考核团队目标的完成情况。而管过程则意味着你要在确立总体目标的时候，也要同时定下具体的行动任务。必要的时候可能还要将行动任务细化到每一个具体的工作，例如一天要拜访几个客户，和每个客户交流多长时间，甚至要具体到每小时、每分钟做什么。因此，管过程要比管结果复杂得多。

不论是管结果还是管过程，考核都是最重要的。销售管理人员必须定期对销售人员的执行情况进行考核，根据目标和结果确定完成情况，并进行排名评选，然后对最好的进行表扬，对最差的给予适当的批评。同时，还要及时总结经验教训，为其他员工提供参考。

我们常常说"以结果为导向"，这就给许多中小企业造成了一种误解，以为"结果导向"就是只看结果，不管过程。这样做导致的情况是大家都仅以完成企业下达的销售任务为目标，而不会关心销售体系的建设和完善。

例如，销售过程中出现的问题，销售管理者可能无法及时发现并解决；销售网络中为了成交量而随意降价，造成价格体系混乱；将大多数的精力放在很快就会签单的老客户身上，却不去积极开发新客户等。

出现这些问题的根本原因是企业把结果管理和过程管理割裂开来，只注重结果管理，却不重视对销售过程的管控。实际上，只有在销售过程中才能体现出销售团队整体的执行力。

从企业长远发展的角度来看，过程和结果的重要性是一样的！如果一个结果缺乏流程化，那么这个结果往往是不可控的，或许只是一个偶然造成的。而通过严格规范过程管理实现的结果，才是一种必然且长期的业绩。建立一个严格、规范的销售过程，关键在于整个企业层面，而不在于某个销售人员。

过程管理的目的是"将正确的事情做正确，做到位"，将有章可循的所有工作流程化，并在整个流程中制定量化标准，即流程标准化。就像在麦当劳和肯德基里炸薯条一样，都有一套标准的流程工艺，包括火候和时间等，都有十分明确的步骤和数值标准。

在企业里，一旦使各个价值链条标准化，拥有了可控的流程以后，这些流程之间相互作用和配合，在企业内就形成了一台系统化的"赚钱机器"。这台机器无须"能人"和"神人"，即便是一般人和普通人，只要严格按照这个流程去实施，也能产生预期的结果。

统一全员认识，打造企业的执行力系统

在带团队的时候，作为管理者的你是否有这样的困惑：有些员工的积极性很差，让他们做点事情，他们不爱干；有些员工做事的效率较低，拖拖拉拉，有时甚至敷衍了事；有些员工事情没

有做成，回来汇报还说了一大堆的理由和借口；有些员工做事很机械，管理者让做就闷着头去做，不去思考如何能把这件事情做得更好。最后管理者被逼无奈，只能自己做了，因为发现让谁做也没有自己做放心，所以每天第一个来到公司，最后一个回家。

如果我们不能有效地打造出团队的执行力，最后的结局往往就是这样。每一位管理者都要明白这个问题：管理者个人的执行能力与企业的执行能力是两个完全不同的概念。企业家的执行能力是个人能力，企业的执行能力是组织能力或制度性的能力。有时管理者的执行能力太高，反而会导致企业执行能力太低，甚至使员工无所适从，如同父母对子女包揽过多，孩子就会缺乏自理能力一样。

所以，管理者需要打造提高企业和团队执行力的流程和系统，我们接下来要从以下三个步骤来讲述。

1. 结果定义

对结果进行定义，以终为始来开展工作，这是执行力的入口。

结果是具有价值、可以量化、用于交换的劳动产品。客户需要的是结果，企业需要的是结果，而不是任务和过程，更不是理由和借口。企业靠结果生存，员工拿结果与企业交换报酬。定义结果是每天工作的起点。结果定义得越清楚，我们就执行得越到位。公司需要的不是做事情，而是做出的结果，做任何一件事都要先从定义这件事为客户提供什么结果开始。定义结果，就是定义了客户的需求；定义了客户的需求，就是定义了我们的报酬。

在企业里，管理者与员工之间可以理解为管理者是员工的客户，上级是下级的客户。商业的本质就是价值交换，一个员工无论多么努力，但如果提供的是不可以与客户交换的价值（或结果），那么这样的努力就毫无意义。

所以，"结果"必须具备"三化"：一是客户化，客户要的才是结果；二是可量化，量化才能交换；三是实物化，只交换结果，不交换过程。

在做事情的过程中，要任务多半得到的是借口，要结果多半得到的是方法。绝大多数办不到，是因为不想真正办到。凡事要找替代方法，培养找方法的习惯。员工与企业之间的关系，本质上是一种价值交换的关系，企业付你工资或报酬，你提供相应的结果。务必记住，企业购买的是劳动结果，而不是劳动过程。以为上班就可以领工资，这种观念是不符合经济规律的。

对于执行来说，最重要的永远只有一件事：结果。执行要的是结果，而不是完成任务，更不是过程。对结果负责，才是对工作价值负责。作为销售管理人员，永远不要听销售员说达成某个业绩目标多么多么难，你需要考核的只有"结果"！

2. 一对一责任

责任是执行力中一个非常重要的关键词，甚至可以说，没有责任就没有执行结果。

责任就是把自己所做的事视为与自己直接相关且必须做好，没有人会对和自己直接相关的事敷衍塞责。比如，你是一个厨师，在家自己做饭吃的时候可能会很小心，甚至于纠结某个调料不能放太多、对健康不好等小问题。但当你在餐厅为客人做菜的时候，你可能只关注于把菜炒出来就可以了。这就是有责任和无责任的差距。

一对一责任，就是把每一项责任具体明确到某一部门、某一人身上，从而强化员工的责任感和执行力。

我们经常发现，在事情出现问题的时候，需要负责的人突然变多，而且责任在他们之间推来推去：这件事主要是×××负责；我只是负责很小的一部分，大部分都是×××完成的；是×××让我这样做的……当我们把责任明确到某一个人身上，在布置任务的时候，就已经明确要对这件事负责的只有"我"，结果会完全不同。

还有的时候，我们会发现，负责执行的员工遇到一点小问题都会跑来咨询，寻求解决办法。出现这样的情况，主要原因在于领导对员工指导得太多、太细。最终导致员工失去主动性，遇到问题就请示，却不懂自己去寻找解决方案。作为领导，当员工来请示的时候，可以试着多用问题帮他引出解决思路，或者提供一些解决问题的指导原则，但是具体该"怎么做"，让责任人自己去做决定。

一对一责任是确保执行结果的最佳保障。所以，要想提升团队整体执行力，最好的办法就是在布置任务的时候明确某个责任人的责任范围：要承担的责任、要达成的结果、最终期限等。

3. 检查与跟踪

没有过程就没有结果。虽然执行的根本目的在于结果，但为了确保有一个好结果，除了要在执行前明确定义结果和责任分工，还要在执行过程中作好检查和监督。

人们不会做你希望的，只会做你检查的！检查是管理者最重要的工作，背后的逻辑是"我不相信，你做给我看"。如果我们希望公司的员工做什么，那么我们就要在企业里面建立检查这一行为的系统。企业强大的复制能力、裂变能力是检查出来的。

建立检查体系首先要针对"事"和"岗位",而不是"人"。你要觉得说××做得很好,远远超出了你对这个岗位的预期,你要以他作为标准来设置检查体系。那我告诉你,很快你将失去所有员工。

检查体系的第一个原则:必须确保无论谁来做这件事,都能够完成,同时也都需要检查。你不要觉得说××是你的亲戚,其他人都要检查,他就不用了。不行,你必须保证检查是"对事不对人"的。既然你决定用"系统"来进行管理,首先必须确保你所建立的系统符合四大特征:公开性、公正性、实效性、周期性。

公开性是指建立以事实和数据为基础的报表系统。公开的本质是依赖事实和数据,而不依赖人。公正性是指建立对事不对人的质询系统。对于质询,一是要以事实为依据,以结果为导向;二是对事不对人,以解决问题为根本目的。关键是要做到:要数据、不要空谈!要对事、不要对人!要改进、不要道歉!实效性和周期性是指建立实时反馈系统和周期性行动改进系统。一方面,要确保在日常工作中,执行人员和管理人员之间能够做到定期汇报、实时反馈;另一方面,也要确保在质询会之后,解决问题的方案得到快速执行。

同时,我要强调的是,"越信任就越检查"。无论你信任的人在公司担任什么职位、承担什么责任,都必须明确检查。因为这些人往往都处在公司的核心层,对公司的生死存亡起着至关重要的作用,一旦他们出现错误,对公司来说将是致命的打击。所以,为了确保他们不犯错误或者少犯错误,我们必须做好检查和监督工作。当然，我们也要"越检查越信任"。

员工有良好的表现，就应该快速给予奖励

很多培训公司都有电话销售部门，而电销人员的薪酬一般采用的都是底薪加业绩提成的方式。在过去，很多公司都是在客户和公司成功签订合同，并交付首期培训款项后，才发放相应的提成奖金。这是真正以工作结果来计算薪酬，大家都对这种方式习以为常。

不过这种方式的时间实在是太漫长了，对电销人员的工作几乎没有激励性。因为培训业务基本都是在培训前好几个月就在跟进，到客户能正式签下培训合同，交付首期培训款，往往需要好几个月的时间。在这个过程中一般需要多次电话邀约跟进，或者在签合同前先签一个意向性培训定金协议。若电销人员的工作成果没有现实的回报，就会导致他们懈怠下来。趋利避害，更快得到回报，这是人性。

所以在几年前，在我的公司里率先颠覆了行业的普遍做法：我不仅成立了专门的电销部门，还让所有后勤部门成为编外的电销人员，在不忙碌有空闲的情况下，他们可以打电话赚外快。这样让后勤部门有了增加收入的机会，也让专职的电销部门很有危机感，不敢忽视和浪费任何客户资源。

我们的政策是，凡是电销邀约让潜在客户成功到店的，就给邀约人发奖金30~50元；凡是到店后交付培训定金、签了意向协议的，就发奖金100~200元；凡是到店签合同交付

第三章 团队管理：凝神聚力创出合作辉煌

首期款的，则发奖金500元，或是奖励首期款的1.5%。虽然我们有培训不满意就退款以及培训定金无条件退款的承诺，即使客户后来退款，发放给电销人员的奖金并不收回。最重要的是，这些奖金全部都在当天下班前一次性全额发放，绝不过夜。

不光当天兑现奖金，我们还"报单"，只要客户一交钱，就有人通过公司店面、展厅专用的音响系统播报成交消息，包括电销人员、培训顾问以及客户的名字，并恭喜他们成交。这样的公开播报，对销售人员来说是一种巨大的肯定和荣誉，对其他潜在客户来说，很好地营造了一种从众心理。

这样的机制让整个电销部门和后勤团队充满了激情和动力，我们从不需要给他们打分派电话，而是大家主动抢着要打电话邀客户，这就是即时激励的威力！

即时激励，就是对当事人的行为或阶段性结果，做出即时的反应。在员工有良好的表现时，就应该快速给予奖励。

即时激励必须做到两个关键点：一是即时。一旦发现员工有"闪光点"或者作出了突出贡献，要立即进行奖励。等的时间越长，激励的效果越差。二是明确。在进行奖励的时候，要明确是"为了什么"进行奖励，具体到这个获得奖励的员工有哪些工作做得很好，怎么好。要让获得奖励的员工和没获得奖励的员工都知道，公司希望他们能重复那个好的表现。当然，同时也要明确地让员工知道，一旦做好将获得怎样的奖励，评估好与不好的标准又是什么。

1. 即时激励对企业的三大好处

（1）传达战略意图。即时激励是一种行为导向系统，主要功能是满足员工重要感与成就感的需要，激发员工持续不断的执行力。你想要什么，你就奖励什么；你马上想要什么，你就立刻奖励什么！公司的奖励在哪里，公司的战略就在哪里。

（2）摆明是非态度。即时奖励能够强化那些代表公司价值观和原则的行为，表明公司的是非态度，树立鲜明的价值导向。

（3）利用关键行为，形成集体记忆。即时激励有利于在公司内部树立榜样，以某个关键的优秀行为作为例子，把公司的鼓励行为形成一种集体记忆。

成功的管理者就是要善于从每个员工身上找到闪光点，要做教练，能够教化人。没有一个人不想得到周围人的赞美和期待，这对每个人的成长将产生巨大的作用。相反，一个人如果听到的总是负面的评价，就会不自觉地自暴自弃。身为管理者，我们需要有教练的胸怀，要拿着"放大镜"给下属找优点，用"扩音器"给其积极的评价。当你看到团队的优秀时，他们更能看到你的优秀。

2. 我们可以做哪些即时激励呢

每个人的成就感不仅在物质层面，更在精神层面，所以即时激励的形式应该多种多样。

（1）零成本的方式

- 看着对方的眼睛，面带微笑立即说"谢谢"
- 在其他员工面前赞扬另一名员工

第三章 团队管理：凝神聚力创出合作辉煌

- 写感谢信
- 给他们的全家写感谢信
- 在公告板上张贴肯定的评论信
- 通过电话或电子邮件的方式表扬
- 当员工说出他的想法或提出他的建议时，要感谢他对公司表现出来的关心和主动
- 赞扬员工的努力
- 说鼓励的话

（2）低成本的方式

- 为员工支付一顿午餐
- 对提出正面意见的员工奖励一枚银质奖章或类似的奖品
- 给予一定的现金
- 给予礼券
- 购买鲜花
- 颁发证书

（3）认同也是一种激励

- 把员工叫到你的办公室来，向他表示谢意而不谈任何别的事情
- 当你和同事或高层管理人员谈论一个人或一个团体时，要表现出你对他们的信任
- 准备情况报告时，要提到员工的名字来表示对他们个人成绩的认同
- 请你部门或公司里的5个人找个时间对某个人说"某

某要求我对你表示感谢，你干得很好"

● 写5张或更多的便条，感谢某人的出色工作，将这些字条放在他办公桌上的一堆材料中

（4）公开，也是一种激励

● 在大厅里建造荣誉墙，将优秀员工的照片贴在墙上

● 为一个成功的项目举办一次照片展示，展示参与该项目的人员、项目的各个发展阶段、完工和运作的情况

● 编辑一本"年鉴"放在走廊里陈列，要包括全体员工的照片，并写上他们在一年中的最好业绩

● 专门为那些从事不引人注目的工作的员工设立"幕后奖"

● 用员工的名字命名一个地方，并在该处设立一个标志

当然，激励也要讲究一个"度"，任何事做过了都会起到反作用。所以，在进行即时激励时，要形成一个梯形，目的不在于给多少激励，而在于保持激励的可持续性，给员工一个期待。

建立"例行策动"，持续提升团队士气

员工的激励和推动应当变成一种常态、一种定期的策划行为，这就是例行策动。

朱氏物流秉承"以心传递、畅达天下"的理念，是国内知名的综合物流服务商。

几年前，我受朱氏物流济南公司邀请，给他们做了一场执行力的课程。在这场培训会上，朱氏人生龙活虎的精神面

貌、亲如一家人的团队意识和优秀的企业文化，给我留下了极为深刻的印象。

朱氏物流有一个特别的日子——月庆。我给他们上课的这天刚好是18号，正是朱氏物流雷打不动的"月庆日"。

和一般公司的"月会"完全不同，朱氏物流在每个月庆日都会停下手上的工作来组织集体活动，比如郊游、时间不长的主题培训会、分享会等。通过"月庆"活动来庆祝这一个月取得的成绩，营造积极欢乐的气氛，传承和强化公司的"家人文化"。

朱氏物流的"月庆"正是"例行策动"比较经典的运用，他们把每月18号这个特别的日子固定下来，传承企业荣誉，增进家人文化，提高全员凝聚力和增强归属感。这个日子成了所有朱氏人每月都期待的"快乐节日"。

员工的激励和推动不可能一蹴而就，例行策动就是要在固定的时间固定一些具体的程序，采取一些灵活创新的方式来做一些事情。目的是推动全员的行动力，提升士气，并且在大家的大脑中不断植入企业文化，强化价值观，增强凝聚力。这是企业文化落地的方式，也是过程管理的一部分。

如何固定强化和推动，下边是我给你的建议。

1. 晨会

很多公司都在开晨会，有的做得有意义、有价值，大家积极投入，而有的流于形式，大家都不愿意参与。为什么？

记住，对于一家营销导向的公司来说，晨会的核心功能是激励士气、输入企业价值观。所以，晨会时间要短，一般控制在5~10分钟；晨会流程要精简，一般3~4个步骤；晨会一般不要批评人，也不要做技能性的培训。晨会必须配合使用专用的音乐调动气氛，可以用舞蹈来调动大家的肢体状态。

2. 午会

午会是上午工作的总结会，表扬上午的工作成果，明确下午的工作事项和重点，控制在10分钟之内。

3. 夕会

夕会是一整天工作的总结，肯定当天的工作成果，解决当天遇到的工作难题，问题不要过夜，做到日清日高。

同时，要明确明天的工作计划和重要事项，如明天的工作安排、时间规划等。在夕会上，可以对常见问题、难点问题制订培训计划，实施培训。比如，发现大家普遍的"快速成交"技能还很不熟练，则可以立即安排"快速成交"的培训。

4. 周会

建议在每周一开周会。

周会，就是汇总上一周的成果，明确本周的目标计划、行动要点，提出未来一周的工作重要事项和行动要点等。也可以根据未来一周的工作需要，做针对性的培训。比如，本周开始要做一些全新的促销活动，周会就可以成为活动落地的培训会。

5. 月会

月会建议在每月初开。当然，你也可以选一个公司发展历程中特别的日子，把月会做成"月庆"。

月会，就是总结上一个月的工作成果以及讲解本月的目标和计划。

月会可以有灵活多样的形式和流程。比如兑现上月的奖惩措施，表彰奖励本月先进个人和团队，现场授予奖牌、奖品；可以加上新员工入职仪式，借此统一植入和再次强化企业价值观；可以安排集体过生日，营造"家文化"；可以安排某些特长员工做才艺展示等；可以把月会当成本月目标的承诺推动会等；还可以强化和表彰员工的某些关键行为，形成集体记忆，制造行为导向。

6. 季度会

季度会，就是总结和汇总本季度的工作成果，规划下一季度的目标和计划。

会议的内容和形式可以和月会相似，不过流程比月会少，更注重工作事项层面的汇总和下一阶段的规划，同时兑现季度的绩效考核。

7. 半年会

半年会或叫年中会，就是汇总和总结半年的工作成果，讲解和规划下个半年的目标和计划。半年会可以将公司所有分部、分公司聚到一起开，建议不要在公司开，可以在市郊开，开会之余做一些分组游戏、竞技活动以增加乐趣，联络大家的感情，增强凝聚力。

8. 年会

年会，几乎是所有公司都会组织的。总结本年情况，表彰先进，兑现年度奖励，表演节目，展望来年，聚餐，这是大多数年会的主题。对于有一定实力的企业，可以把年会外包给专业的公司进行策划和组织，会做得更专业，更好地达到预期成果，节省

111

我们大量的精力。

当然，我建议邀请企业的重要客户以及优秀员工的父母一起参加，让他们也能感受到这一切，年会正是企业文化外延形成品牌传播的好时候。

做老板，一定要在企业里建立"例行策动"的机制，这是持续推动团队、提升团队士气的重要步骤，你可以根据需要选取上边的做法。

掌握"选人沟通"技巧，甄选高级人才

也许每家公司都出现过这样的情况，老板在面试一些高管级别人才的时候，往往因为对候选人看不透而难以抉择。如果等人入职后才发觉不是自己想要的人，这对公司、对职位和当事人都是个伤害。出现这种情况一方面是由于老板对中高端岗位的用人标准把握不好，另一方面是因为缺乏有效的面试方法。

高级人才往往在公司担任重要职位，比如中高层管理人员以及一些核心关键岗位的专业技术人员等。这样的人任何一家公司都需要，一般都在不错的公司里担任不错的职位，拿着不错的薪水，基本上离职的意向并不强烈。

同时，高级人才往往在职场有一定经历，为人处世相对成熟，在和人进行沟通交流的时候主导性较强。所以，在面试他们的时候，我们不但很难引导他们跟着我们的思想走，反而容易在不知不觉中被他们带偏了思路，忘记了面试的初衷。

不仅如此，在面试高级人才的时候，中小微企业的管理者在年龄、阅历、高度等方面很有可能不及对方，由此导致在沟通中

较为被动。

所以作为管理者，我们要了解高级人才的甄选和面试技巧，来减少错误。

1. 无须太关注硬指标

关于简历、学历、专业等这些硬性的指标，管理者不应花太多时间去关注，这是你的招聘经理进行初选时该关注的问题。不过，作为管理者有些细节问题必须关注。比如，他做的时间最长的一份工作是什么，他是否频繁跳槽，甚至跨行业跳槽等。这些问题关乎对方的职业规划以及价值观，将直接影响到他是否会在你的公司长期干下去。请注意，高级人才进入公司就会成为核心骨干，这样的人如果不稳定，对公司的影响将会非常大。

2. 甄选高级人才的三重匹配性

一般来说，普通岗位的人才因为对企业的影响较小，同时也大多都是职场菜鸟，所以可以通过培养提升其和企业、岗位以及领导、团队的匹配度。但是，在招聘高级人才时必须做好甄选，要从企业、岗位以及领导、团队三个层面考察他的融入度。所谓"道不同不相为谋"，这三个层面匹配度不高的人才，能力越大，对企业的反作用力也就越大。所以，在招聘高级人才的过程中，匹配度的甄选非常重要。

第一是企业层面的匹配。了解应聘者的性格特质，这可以通过一些测评问题和工具来获得。人才是在我们的环境下工作的，能否认可我们甚至喜欢我们、能否融入我们是很重要的。当然，首先要看的就是他的价值观与企业价值观、文化是否能匹配，这是融入和合作的基础。

第二是岗位层面的匹配。主要包括应聘者的专业背景、工作经历、职业倾向、性格特质等，是否符合岗位的要求。比如，一个学会计专业的人，有5年的销售工作经验，却应聘一个策划总监的岗位，显然不合适。再比如，一个性格大大咧咧的人应聘财务工作也不合适，因为财务必须人静、心细才能做到位。在进行岗位层面匹配度的甄选时，我们可以通过性格测试和面对面的沟通，双向了解和选择。

第三是领导与团队层面的匹配。一个人到公司工作，归根结底是和人打交道的。尤其是高级人才，在公司担任较为重要的职位，起着承上启下的作用。对上要和领导打交道，对下要和团队打交道，他的能力和业绩就通过周围人的认可、支持和配合来完成。否则，能力再强也无用武之地。

在考察高级人才是否与他的直接领导风格相匹配时，可以直接询问："你觉得之前领导的风格是怎样的？""你喜欢什么样的领导风格？"等相关问题。

而在考察高级人才与他即将领导的团队是否相匹配时，首先要考虑现在的团队需要什么样的领导风格。尤其是在招聘一些核心技术人员的时候，他们往往性格较为孤僻，那你就要考虑他是否能够与团队中现有成员的性格相容或互补。当然，一个团队需要不同个性的组合才能趋于完美，但太过孤立、缺乏团队精神的性格是绝对不能被团队所容忍的。

岗位的匹配决定了人才进入企业是否能做事，而价值观、领导与团队风格的匹配则决定了人才在企业的成绩和发展。

3. 还要对他进行多角度的考察

在对高级人才进行考察的过程中，很多企业都只是考察应聘者的过去，学了什么知识，做了什么工作，取得了什么成绩等，事实上这些只能说明今天的他具备怎样的能力和水平，却无法说明他未来能达到怎样的水平。所以，我们需要从过去、现在和未来，甚至从第三者的口中等多个角度去考察应聘者的素质和能力。

从过去的角度，主要看候选人之前工作中的行为表现与业绩成果；从现在的角度，主要是利用现有条件考察候选人目前的工作状态；从未来的角度，主要是从展现该岗位需面对的情景、问题与挑战，看应聘者如何应对与处理，以检测候选人是否具备解决相应问题的能力。

这些面试沟通方法需要选择性的搭配与组合，比如招聘销售部经理岗位，我们可以使用以下的面试方法：

基于过去："在你的上一份工作中，最具挑战性的成交记录是哪一次？能详细说一下当时的情况吗？"在这里我们常常可以追加检查性的问题："具体是什么样的？当时……是如何的？"通过这些问题，我们可以轻松地发现他们是在杜撰，还是在回顾真实的经历。

基于现在："如果现在有一位陌生客户上门，之前对我们公司的产品没有任何了解，在这种情况下你如何与他成交？"

基于未来："在未来的工作中，如果你的团队中出现有人业绩超好、恃才放狂，甚至影响到团队稳定怎么办？"

基于第三者："旁边的人，比如×××是如何看待你刚才说的这个问题的？"

有时候，我会让候选人具体描述一下，他们在过去的工作中所犯过的最严重的错误，让他把具体细节讲清楚。让我吃惊的是，很多候选人稍作思考后都说自己没犯过什么大错误。在我看来，这样的应聘者不是在撒谎，就是一点也不敢冒险。

在考察应聘者的专业技能和应变能力方面，绝对不要轻信他们在简历中所写的内容。有时候，简历越精彩的人越要仔细考察。你可以设置一个他在工作中会面临的场景，提出一些非常具体的问题，来让他回答。比如对号称多年经验的设计师，我可能会问："客户说'你的方案很好，你也很专业，不过我需要和老公、家人商量一下才能决定'，对于这样的情况，你会如何做？"又比如，我的助理需要懂得使用PowerPoint，我会让候选人直接做一个幻灯片给我看。

需要强调的是，我非常看重那些坚持给我们公司投简历或者打电话的人，或者比一般的求职者多做一些的人，比如他的简历和别人看起来完全不一样等。我会觉得，这个应聘者不仅是想找一份工作，而且真的对我们公司很感兴趣，对我们所做的事业很感兴趣。所以，我一般都会考虑是否另外再给他机会。

最后，我想说的是，我们每个人都会犯错，包括古今中外知名的伟人也避免不了用人失察的错误。所以，每个人都不要迷信自己的经验、判断和喜好。

我们需要在新人加盟的最近一段时间密切关注，如果新招的人在最开始的几周或几月中难以和公司融合，就像把方形的桩打到圆形的洞里一样难，那我会辞退他。你可以教给他各种技能，但人的本性是很难改的。

第三章 团队管理：凝神聚力创出合作辉煌

给离职的员工"换框"，观念立即不一样

在几乎每家企业都求贤若渴的当下，任何公司和老板都需要好口碑。如果口碑是来自你的离职人员，来自曾和你并肩战斗的人，人们感觉更真实，效果也更好了。

不过你回想一下，从你那里离职的员工有多少是愤愤不平、一脸怨气离开的？有多少当初合作时一好百好，离开时却似反目成仇？为什么明明是公司培养了他，但是当他离开时却和公司反目？如何能让离职的员工也心存感激呢？

首先，这里有一个"换框"的原理。员工离职时可能会觉得公司对不起他，比如公司给他的待遇低于他的能力、没有给予他足够的发展空间和机会等，所以会对公司心生不满。这时，老板就可以给他"换框"。

首先要倒推回到过去：你告诉他，从现在的时间框架来看，你觉得公司对不起你，但是从过去的时间框架来看，当初这里曾是你的最佳选择，而且你的能力也在这里提升了，并且实现了一些个人价值。所以，虽然你现在可能有更好的选择，但我们彼此也都不应当否定过去，公司感谢你的付出，同时你也应该感谢公司给你提供了这个平台。

然后再把时间框架拉到未来：未来随着时间的推移，可能你现在要去的地方又不是最好的选择了，也许我这里又可能变成你的最佳选择，谁敢保证未来我们不会再相聚呢？所以，我们都不要拿现在的时间框架来代替过去，也不要拿现在来评判未来。

总之，有缘一起经历了人生中的一段时光，彼此就是朋友。

这种友善的信息是积极和必要的，相聚相处是缘分，能一起共事是缘分，我们都应当感恩惜缘。

在这样的沟通过程中，我们把框架推回到过去，或者拉到未来时，要离职的人往往不但不会反戈一击，还会心存感激。框架一变，观念立即改变了。

在和对方"换框"的同时，我们也要掌握一些离职谈话的技巧，这非常有利于了解到一些宝贵的信息。

离职谈话，就是与即将离职的人进行坦诚的交流，可以消释彼此的误解，了解我们存在的问题和管理的得失。一般人离职，人力资源部门做离职面谈就可以了，不过对于重要人员的离开，老板需要亲自面谈了解。

1. 离职面谈有什么好处？

（1）留人。就像很多夫妻会在赌气的情况下说离婚，最后却在沟通之后选择和好。企业中有些员工离职并不一定是非走不可，尤其是一些跟随公司多年的骨干员工，可能只是一时冲动，或者本身对离职这件事就非常犹豫。这个时候，如果老板能够和他们坦诚相见，花一些时间和他们沟通，找到导致他们离职的原因，将问题解决，或许他们就会留下来。当然，对于只是为了薪水高低离职的人，我认为就没必要再留了。

（2）发现问题。一般来说，员工离职往往都是因为对企业的某些问题产生了不满。这些问题老板不容易发现，但员工往往体会较深。在职员工考虑到自己的饭碗，往往不会直接和老板沟通这些事。但即将离职的员工面对老板坦诚的沟通态度，往往会说实话。

（3）改善管理。如果员工离职是因为企业的管理方式出现了问题，那么员工流失将会成为惯性，难以得到控制。通过离职沟通发现这些问题，经过调整不仅能够有效防止剩余员工的离职，还能够提升团队工作业绩。

（4）调整招聘。通过离职谈话，我们可以分析出哪些员工和企业不匹配，那么，在以后的招聘中我们就可以有效剔除那些不适合在我们公司工作的求职者。

（5）消除误会。有些员工离职时往往带着一肚子怨气和不满，如果不能善加处理，他们很有可能会对外发布一些不利于企业形象的言论，甚至会影响到在职员工的情绪。这个时候，一个坦诚、公正的离职谈话，让他们将心中的不满发泄出来，同时给予适当的解释和抚慰，往往能够获得他们的理解，从而消除误会。

2. 离职面谈究竟怎么谈呢？

要想离职谈话真正起到消除误会、暴露问题、良性离职的作用，必须讲究技巧性。

（1）明确目的。不同的离职人员，谈话的目的和重点必须在谈话之前就明确，切不可被员工带着走。比如，对于主动请辞的员工，谈话的目的更多地倾向于是否可以留住他，如果留不住，要弄清楚他离职的原因，为以后的管理提供一些参考。而对于辞退的员工，谈话的目的更多地倾向于解释和安抚他的情绪，切不可被他的抱怨所埋没。

（2）对离职员工作初步了解。要想达到离职谈话的目的，必须要做到知己知彼，在谈话之前对离职人员做一个简单的了解。

比如，从人事部的档案中了解其年龄、工龄、工作经历、家庭情况以及工作表现等基本信息，也可以通过向他的直接领导和同事等有关人员了解他的一些更具体的信息。这样，在离职谈话的过程中就能把握主动权。

（3）熟悉有关法律法规和公司有关制度。随着法律的普及以及人才素质的提高，现在越来越多员工的法律意识和维权意识在提高。尤其是对于一些被辞退的员工，在离职的时候可能会提到一些法律条款要求，甚至提出状告公司相威胁等。对于这些，只有将法律法规和公司制度烂熟于心才能从容应对。当然，这些工作没必要管理者亲自去做，可以让人力资源部门从旁协助。

（4）准备一个简单的谈话提纲。这里所说的谈话提纲不一定非要写出来，但你必须要在心里打一个腹稿，捋顺谈话的要点和先后顺序，以确保不偏离目的。

（5）控制好谈话现场。如果前面的思想准备工作都做好了，谈话现场的控制应该就不会太难。有了目的，也了解了一些情况，同时准备了一个谈话提纲，这些能保证这场谈话不会无功而返。但是，对于离职谈话来说，还是要注意一些细节。比如，谈话地点要选择一个相对私密的地方，避免受到干扰，像你的个人办公室等地点较好，而公开使用的会议室不是一个好的选择。再比如，谈话过程中的态度非常重要。你面对的人即将不再是你的员工，所以，你抱着坦诚、平等的心态进行交流，更要认真倾听对方的发泄。其间，如果遇到对方提出自己无法立即答复的问题，要明确告诉他，之后会让人力资源部门给予答复。

（6）离职谈话的总结和反馈。一定要时刻记住离职谈话的目的和作用。在谈话结束之后，对离职员工提出的问题及时作出总结和反馈，并提出相应的整改意见，再交给相应的人员去执行实施。

最后，如果你觉得有必要的话，可以真诚地握着离职人员的手，告诉他："你的离开是我很大的损失，如果在那边干得不愉快，你可以回来，我随时欢迎。"

如果管理者做得足够好，如果你的魅力足够强，那些离职人员会心怀感恩地离开。甚至在未来，在他真的回来时，还可能带过来好几位小伙伴。

让员工自己定目标，引导他奋发有为

在生命中，我们可能都有过这样的迷茫：儿时的梦想，青春的激情豪迈，在历经了现实的风霜雨雪之后，慢慢就褪去了颜色。于是，梦想丢弃了，目标也降低了，甚至都不知道自己明天会怎么样。就这样，一步一步沦落成凡夫俗子。

很多人每天都在羡慕那些成功者，感觉自己距离成功太遥远了。因为没有资源，没有机遇，没有背景，甚至觉得社会就是这样不公平，我又能怎样？很多人就这样在不平衡和等待中消沉。

目标和梦想的本质是一种假设，但这个假设的魅力是如此强大，明天你能够成为谁，就是因为今天你假设了你是谁，心里有一颗什么样的种子！因为人的潜意识具有"自动抓取"的功能，只要你建立了一个信念，并且牢不可破，你的潜意识就会自动搜索支撑这个信念的资源，哪怕这个资源远在天边，它也能搜索得到。

每个人小时候心中都有一个梦想，但是在成长的过程中，有太多人将最初的梦想一点点丢弃，最后却安慰自己说：平平淡淡才是真。

职场中大多数的人都是这样。身为管理者，你做好拯救他们的准备了吗？

在过去，目标管理的方式一般都是公司制定目标，然后往下层层分摊目标，接着制定一系列的KPI考核标准。也许你已经发现了，这样的方式往往让员工觉得，这个目标不是我们自己的，是公司强加给他们的，于是对目标的实现缺乏动力。这样做的效果越来越不好，我们必须要改变。

人的行为都是由动机引起的，并且都是指向一定的目的，动机是行为的诱因，是行动的内驱力。动机就是企图心，我们要找拥有健康企图心的人，因为企图心越强的人动力越强。那么如何激发他们的企图心，让每个人不是被迫而是自己主动实现目标呢？

核心的策略就是：让价值观编织梦想，用梦想启动欲望，用欲望拉出目标，用目标带出行动！很多人的价值观是沉睡着的、隐藏着的，你要做的事情是首先唤醒它。当你发现他的价值观后，接着你要用他的价值观来编织"梦想"。

公司有个员工小张，他是个很有孝心的好孩子，总想着有机会要对父母好一点，这是他的价值观。

我常常说："爱不是朝思暮想，爱不是牵肠挂肚，爱更不是内疚遗憾！爱要说出口，爱更要用行动来表达，没有行

第三章 团队管理：凝神聚力创出合作辉煌

动的爱只会错失和遗憾！"

小张如何表达对父母的爱？比如可以一年带父母出去旅游两次。父母在内陆生活，从来没有看见过大海，这真是一个很大的遗憾！如果小张能带父母去三亚旅游，他的父母一定会非常开心和满足！

还有，小张也可以努力买一个大一点的房子，这样就可以把父母接过来一起住，可以相互照应，以后就不用牵肠挂肚，总是遗憾了。

让父母骄傲和开心，这对小张来讲也是一种个人价值的证明。这样，小张的情绪、心情是不是也更好？工作的状态是不是也更好？这就是用"价值观来编织梦想"，这个梦想来自他的价值观实现后的生动场景，没有人会拒绝。

这个梦想的场景在小张的脑海里越来越清晰和具体，让人欲罢不能。

有梦，就去实现！小张觉得非得到不可，我们便成功地用"梦想启动了欲望"。

接下来，我们要用"欲望拉出目标"。具体来看，小张打算何时带父母出去旅游？目的地是哪里？去几天？大概要花费多少钱？你现在需要做什么样的准备？

用"欲望拉出目标"，核心是拉出赚钱目标。无疑，钱不是万能的，但首先你得有钱。

小张发现，带父母到三亚旅游一趟合计大概要两万元。两万元如何赚到？需要达到多少业绩？成交多少客户？需要你提升什么能力？

于是小张发现，必须达到 50 万的业绩目标，自身必须在成交能力上提升，所以现在立即采取行动，背话术、演练成交技巧，同时把每天开发潜在客户的量提高至少 20%。

那如果是买房呢？何时买？需要多少钱？如何赚到这么多钱？你现在要怎么做？

在这个过程中，我们便自然制定出一个符合"SMART"特性的目标来，以及明确当前应该立即采取的行动。这就是"用目标带出行动"。

上述我分解的这个案例，你可以像这样从关心员工出发，从强化他的价值观、描绘梦想到拉动消费，再倒退回来，回归到当下的行动上。他发现这是他自己要做的事情，是他自己要实现的目标，不是别人强加给他的，自然就激发起他强大的行动力了，这就是"逆向拉动"。

所以，你可以一个部门来做个大讨论，2023 年想得到什么，想买什么？房子、车子、旅游、购物？要赚多少钱？

"怎么赚到 40 万呢？"

"够吗？这个是多少钱啊？还有呢？"

"看来需要 100 万啊，能不能少一点？"

……

这个时候，他就会想要提高自己，自然就会勤奋、努力、想办法了。这就是让员工自己确定目标的好处。

其实，上面的这个过程就是给员工植入价值观、信念和行动的过程，引导大家奋发有为。

身为管理者，起初是为了实现自己的梦想和价值。后来，你拥有了一群人，他们因为追随你而变得更富有、更有成就、更有自信，生活变得更有品质。而无论这一群人是你的团队还是你的客户，无疑都是作为管理者最大的荣耀。

推己及人，成就他人，成就自己！

提供良好的自主管理氛围，实现"无为而治"

这是一个比以往任何时候都更加崇尚自由的年代，新生代员工更是把工作的自由度，当作衡量一个工作机会值不值得把握的重要标准。

很多人说，自主管理是互联网时代的产物。事实上，早在20世纪90年代，美国福特公司和通用公司就取消了"监工"这个职位，引导员工进行自主管理。

而管理学家麦克格雷也指出，在适当的条件下，人们不但不会逃避责任，还会主动承担责任。也就是说，如果企业能够为员工提供良好的自主管理的氛围，员工就会积极主动地承担起责任，实现自主管理。

什么是自主管理？自主管理当然不是信马由缰，不是为所欲为。自主管理是在企业有统一目标和共同价值的前提下，在沟通、协作、创新、竞争的平台上，大家自律自觉、自我驱动，有效使用自己的技巧和才智，积极创造结果。自主管理并不是领导者完全不管，而是从尊重员工、肯定员工开始，给予伙伴们最大的空间，实现"无为而治"的管理境界。

自主管理究竟如何实施呢？下边是我给你的建议。

1. 招募选人

并非每个人都那么自觉，什么样的人更容易成功实施自主管理？我们招募选人的时候就要做好甄选。

从我的实际操作中来看，招募人员首选内部推荐、朋友介绍的方式。这样找来的人更能形成价值观的认同，我们对新人的背景、性格、做事方式也能有所把握，可以方便他更快地融入企业，进入工作状态。并且我们发现一个令人鼓舞的现象，彼此身为朋友处于同一家公司里，可能因为大家都不愿在朋友面前丢面子的原因，他们的自律性反而更强。

另外一个渠道，是直接到学校招实习生。实习生较少受到社会环境的影响，虽缺乏工作经验，但更容易认可企业文化，融入企业，为自主管理打下基础。

那些有幽默感、性格开朗、形象好的人当然是我们的最佳选择，这样的人谁都喜欢和他共事，不是吗？特别对于一个25岁以上的成年人来说，形象好往往意味着他心智成熟、有自制力，越是这样的人越会维护自己的形象，这是自助式管理所需要的。而且，这样的伙伴对后续招募也非常重要，他们可以吸引或者推荐相似的人过来。

2. 尝试民主选举

在过去，任何人的职务都相当于是更高级别领导的职务代理人，都是由领导来任命的。

管理者需要改变思想，可以尝试民主选举。民主不是洪水猛兽，运用得好反而可以调动起当事人巨大的动力。比如部门经理、总监等，我们都可以用投票的方式来发动员工进行民主选举。

为了保障选出的人确实能担当重任，我们可以在选举前适当约定一些必要条件。同时，用实名制的方式来选举也是方法之一。

3. 少管理层级

少管理层级，就是要超级扁平化，增强横向协作。

比如我们可以让后勤部门也参与进来，组成项目小组，公司可以直接与小组进行利润分红，形成内部创业机制。大家每个人有个基本岗位，保证可以拿到基本工资，用这种方式把一些常规工作比如行政、前台、人力、财务等岗位扛起来。但只要个人愿意、有小组愿意，连财务、前台都可以进项目组，创造贡献拿分红。

在玛尔思开大课前夕，都是全员营销，前台、财务、网站编辑、会务组等全部上阵，他们可以加入某个战斗小组，之后根据团队业绩拿到分红。这样也解决了长期从事一类工作所导致的职业疲劳感，增加他们的收入。

4. 少管理头衔

在推行自主管理的团队中，应营造平等、友爱的氛围，除了财务和总经理外，管理头衔应当越少越好，可以在团队里推广直接称呼对方的名字。

我们还可以直接在办公室里就体现出来，比如大家都没有固定座位，每个人都可以根据自己的喜好和工作的需要，随时换座位，也许来得早一点的小伙伴就可以占个好位置。包括总经理在内，任何人都没有独立办公室或者特定的办公设备，让全员处处体验"平等"的情感需求。

5. 自主制定制度

不再是由公司制定制度交给大家去执行，而是团队成员一起来制定制度。众人制定的制度本质就是一种团队公约，是大家的一种共同约定，然后把这个东西形成团队的自主制度。

6. 自主制定目标

在过去目标是由上而下的分解，公司制定目标后大家逐级分摊。可能每个领导都碰到过员工讨价还价的问题，有时目标很难达成一致，失去了推动的作用。而自主管理自主订立目标，采用自下而上的方式，由员工订立目标，再向上层层汇总。

7. 自主考核

对工作的进度、团队制度的执行、考核的方式、奖罚方式都可以实施自主管理。我们可以直接向团队成员询问：

"你现在的工作岗位，如何才能做得更好？"

"公司应该怎么考核你，才能认为你做好了？"

"你的工作岗位都应该做些什么呢？"

"如何让我了解你的工作做到什么程度？"

"如果你比标准做得更好，你想要什么奖励？"

"如果没做到你的承诺如何惩罚？"

8. 上下班时间也自主

传统做法都是打卡制，上班打卡下班打卡。但是，在移动互联网时代，即使员工按时打卡，但只要他手上有手机，你就无法控制他在做什么。如果他按时上下班,却只是在公司玩手机,那你设置一个刷卡机又有什么用呢?所以,在自主管理的企业里,我们视刷卡机为管理者的耻辱,因为依赖刷卡机就意味着你没有能力领导员工的注意力和情绪,你只能管住他的身体。

与其这样,不如让他们自己管自己,只需要与他密切协同的小伙伴协调好时间就可以了。尤其是现在很多年轻人,喜欢晚上熬夜,早上睡懒觉。你与其逼着他必须早晨9点到,下午6点走,不如让他睡饱了再来,晚上走晚点,这样将会极大地调动其工作积极性。而且在很多大城市,上下班高峰都非常拥堵,浪费了多少时间和精力?这样弹性的上下班时间安排,会极大地提高小伙伴们的幸福感。

自主管理是新生代员工非常欢迎的一种企业文化和管理机制,能极大地释放全员的动力和活力,从而提高企业的效率,同时能极大降低管理成本特别是沟通成本,我建议每个中小微企业管理者都来积极尝试!

维护团队生态环境,是企业做强做大的根基

在不少企业当中,团队的大小决定着企业的大小,决定着业绩和产值。不过,为何有的企业总是做不大?为何有的团队总是人一多就有人离开?为何优秀的人总是招不到?为何优秀的员工要离开你?

仔细分析这些问题,原因可能真的很多,以至于让我们无从下手解决。如果我们能找到根本原因,那解决问题就简单多了。身为管理者,如果你的企业总是无法做大,你的团队总是

无法变强、变大，根本原因往往是团队生态环境不好，生态失衡！

在自然界的系统中，没有节制的人类活动，比如毁林开荒、过度开采、工业排放等行为，在不断破坏自然环境的过程中，可能造成生态失衡，引起自然灾害，甚至引发生态灾难，比如环境污染、全球变暖、物种消失、水土流失、土地沙漠化、陆地减少等。这样的事情时时在发生，我们都不陌生。

在企业这个组织系统中，你要想吸引好人才，培育好苗子，打造出茁壮的团队，你必须建设和维护良好的企业和团队生态环境。拥有良好的环境才可以长出一片绿洲，形成一片森林。如果你只是一片沙漠，其他优良物种自然无法生存，而只会迎来野蛮生长的"仙人掌"。

如何建设和维护你良好的生态环境，让你的团队成为一个强大的"能量场"？我给你的建议如下：

1. 为每一个领域的高手找一个"备胎"

你企业的根基，你的业绩和利润，绝不应依赖那一两个高手和能人，这有巨大的危险！所谓"大树底下不长草"，他们吸纳着公司越来越多的资源和机会，遮阴蔽日，导致其他好苗子员工无法成长。当然，做管理者要自省，首先自己就不要做"大树"。

公司的成功靠的是一群认真努力的普通人，管理者的眼光绝不应总是看着这几位高手。顶尖高手往往既不感恩，也不顺服，更容易恃才傲物。他们往往给你推行的主张造成阻碍，结果在你不断的迁就中，公司的目标一降再降，他们则越加为所欲为。

所以，你需要有自己培养人才的机制，有人才的梯队建设机制，不断找人、物色人，为每一个重要岗位都培养一个"备胎"。

2. 保持团队生物多样性，打造互补型的团队

作为管理者，必须要有宽广的胸怀和格局，你框架有多大，你就能装下多少人，你便能领导多少人。

在做事方式和性格方面，那些和你不同的人、你不喜欢的人，也许恰恰是团队最需要的人。所谓"君子合而不同，小人同而不合"，在价值观认同的前提下，老板要刻意制造"差异化"，保护和管理"差异化"。

英国管理专家贝尔宾推出的"团队角色诊断系统"，在团队角色多样性互补方面可以给我们一些参考。他认为一个最理想的团队，应当拥有八种团队角色，包括实干者、协调者、推动者、创新者、信息者、监督者、凝聚者、完善者、技术专家等，当然有的人也可以一人分饰两个角色。

3. 利用组织系统的力量改变团队生态

组织系统排列由德国心理治疗大师海灵格先生创立后，在企业的实际运用中可以在极短的时间内，获取组织动力、结构、现状等深层资讯，并且在寻找解决之道的过程中，激发出许多有用的新构想和动力，以促成我们采取以后能产生根本性改变的行动。

下面的多个问题可以立即显现出你组织成长的障碍，让你找到企业组织中潜藏的动力，使企业/团队系统运营生态更健康、发展更持续和强劲。管理者，请你好好研究下面的问题并作出回答，然后立即行动起来去改善。

（1）优先权（谁在先）。

对于有超过三年历史的公司：你的公司有传统吗？这些传统得到拥护和传承了吗？

是否有一些专门的活动来纪念公司重要的事情？（例如周年庆、特别的日子等）

老员工是否具有一定的地位？

员工中那些后来者是否利用了先来者的权利？

在你企业发展变革的过程中，是否有一部分老员工在跟随着企业成长？

（2）优先权（具有较高能力者在公司的地位）。

公司的领导者是否意识到他们对整个公司的责任？

对于共同的目标，他们是否做出了效果可见的努力？

他们在公众面前是否确实站在公司或产品以及你的这一边？

他们的公共发言是否能很好地得到员工的接受？他们是否被看作可信的？

公司的领导层是否确实觉得自己是在为公司和员工工作？

员工是否用积极的态度来谈论公司、产品、他们的管理者？

较高才能的人是否得到较低才能的人的尊重？

在团队中，团队领导者和团队成员的责任是否得到了清晰的界定？

（3）归属的权利。

团队全员是否了解和认识公司的建立者——你？

大家知道你和公司的历史吗？

有没有一些离开的员工，仍然在精神上属于公司？

公司中，大家对管理者和核心层的谈论是否带着尊重？

公司管理者、合伙人、高层感觉自己有归属感吗？员工们也是这么感觉的吗？

凭你的直觉做一下统计，在遇到危机时，对公司忠诚的人能有多少？

（4）给予与获益的平衡。

员工们是否都致力于公司的成功？

当任务紧张的时候，他们会工作得更多或者工作更长时间吗？

员工认为他们的报酬合理吗？他们感觉被管理者们认可吗？他们乐于承担他们工作领域里的责任吗？

团队间的工作任务是否公平地分配？

管理者对员工的需求关心吗？他们给员工的任务和指令清晰吗？他们双方都感觉公平吗？

公司的管理者会为公司冒个人的风险吗？

作为公司管理者的你，或其他主要持股人对公司负责任吗？

作为公司管理者的你，或其他主要持股人被员工们认可和尊重吗？

公司的利益所得会部分重新投资吗？

客户是否被看成是公司的伙伴？

对于客户来说价格和产品是否相称？

（5）对事实的尊重（亦即在企业里，什么一定要被允许）。

公司的财政状况员工们都清楚吗？公司是否对每一个人作了原因说明的解释？

危机是否被公开？错误是否被承认？

离职员工的口碑如何，是否得到很好的谈论？

成绩和成功是否得到认可？

客户是否带着尊重去谈论你的公司？

仔细研究这些问题，相信能给你带来诸多启发。从长远来看，团队生态环境是企业做强做大的根基，每一位管理者都要特别重视。

建立良好的培训机制，给员工提供学习机会

许多公司都说员工是他们最重要的财富，我觉得这种说法有些问题！

首先，一旦有人离开你，你就会失去一笔财富。其次，在公司快速发展的时候，常常发生公司成长速度超过员工成长速度的情况，比如有的员工还只是具备他加入公司时的技能，无法支撑公司的快速发展。在这种情况下，作为管理者的你，会怎么做？

大多数公司的解决办法是在外面引进有经验的人才，不过这会导致新问题的出现：这个新人未必能适合公司的文化，一段时间之后发现空降兵不适合，无形中便极大增加了我们的机会成本和时间成本。

而有的老板选择把某些员工分批次送出去学习，比如参加一些培训公司的销售训练营、团队训练营等。如果是某些非常专业的技术岗位，送他们出去学习新技术，这是值得提倡的。但若你是营销导向的公司，你的团队学习成长的方式，就是你花钱送他们出去学习，我觉得这种做法是非常不稳妥、不安全的，而且效果也不佳。

为什么？在广大的中国中小微企业中，管理者的喜好就是企业的文化，管理者的观念就是企业的价值观，管理者的格局就是公司的大小。所以要让团队提升，要让业绩增长，必须是管理者和核心层先学习、先改变。

1. 以员工培训机制为财富，管理者本人的学习带动全员的学习

毫无疑问，管理者小小的改变，带来的是公司飞跃式的提升。同时真正成功的管理者应该自己成为教练，能培训和教导员工、团队的成长。正可谓"王者之道，教化万方"，一流的管理者都是一流的教育家、一流的教化高手，这正是"教练式管理者"的其中一层含义。

现在有很多管理者自己不学习，却把团队送出去学习，参加各种培训班、训练营。员工出去学习提升之后回来，发现自己的管理者和工作环境还是从前的老样子，和提升后的自己完全不匹配，于是就开始考虑换份工作。如此一来，浪费了学习费用不说，还导致人才流失。

所以，中小微企业的提升，管理者的推动和行动才是真正的核心动力，这是任何职业经理人都无法比拟的！学习，当然需要管理者先学，然后带动全员和团队的学习提升，继而形成企业内部的学习培训机制，这也正是玛尔思核心课程都是针对管理者的原因。

企业内部培训的重要性毋庸置疑，任何一个做得好的企业，不管大小，它都异常重视培训。如果一个公司能够拥有良好的内部培训机制，那即使任何时候任何人离开公司，后面总是会有人准备着接管他的职责。这样，培训，不仅仅是某个人获益，

而且成为真正对公司有利的资产和财富。

2. 培训机制是传承文化、形成企业品牌的核心推动力

在很多时候,好员工也许是试出来的,不管在面试的时候他能给我们一种什么样的印象和感受,但真正工作时,他却是另外一种状态。而入职阶段的各种培训是测试员工非常重要的方式,若发现他明显地不能融入或不能匹配的情况,我们便可以迅速作出调整。

现在很多公司都有企业文化、核心价值观,但是由于没有进行宣传和传承,导致公司很多人并没有了解和认同。企业文化不应该只是挂在墙上的标语,而是要让所有人认同并履行。这不仅影响到企业整体的工作氛围,还影响到企业的传承和发展。任何一个优秀的品牌背后,都有一个优秀的企业文化在支撑。

品牌就是企业文化的外延,有什么样的企业文化,就会有什么样的品牌形象。而企业内部的培训机制正可以不断推广和传承企业文化,让所有的员工成为你的品牌大使。

一旦你的企业拥有了茁壮的企业文化和团队,它便像一棵大树一样枝繁叶茂地向外生长,许多其他事情——包括创造一个好品牌等,自然会水到渠成。

3. 培训机制如何建立

(1)不要觉得建立学习、培训机制是大公司的事情,或者想"等公司人多一点再学习",也别想着一开始就组建一个培训部,模仿大公司组建一个健全的培训机制。

事实上,你的团队即使只有一两个人,你也可以定期拿出时

间来学习交流,如果人少的时候没有学习氛围,人多的时候也不会有的。而且,不是非要模仿别人成立公司的培训部,在团队人员较少的情况下,可以从做些简单的分享交流开始,建立全员学习的氛围。伴随着团队人员的增加,可以逐步地从内部成员中选聘培训老师,逐步完善培训机制。

(2)培训机制的核心是老师。

公司的管理层每人必须能至少讲授一堂自己专业领域的课程,你可以把这当作选拔和考核管理人员的基准。因为我们的理念是:"首先你要说得明白,你才能教给你的下属;你能教导下属,你才能做管理!"

除了管理层,我们还要选拔业务能力较强、在某方面能独当一面的优秀员工成为内部讲师。我们可以通过让其分享工作经验,来发现一些有潜质的苗子。

当然,作为管理者,你是公司的第一位老师,要想在你的企业建立培训机制,你必须起好表率作用,自己先负责讲授或分享一些课程。

(3)培训机制中的课程设置。

课程设置完全看需求而定,我们的培训机制不是弄一个好看的空壳子,而是从一开始便能通过内部的培训分享,迅速有效地提升大家的工作技能等,所以需要什么,就培训什么。

我建议有几个课程是必须保留的:企业文化背景和价值观的讲解、自我激励与团队融入、企业核心产品和服务讲解、商务礼仪、各部门业务流程标准操作规范等。

（4）定期或不定期地进行培训。

比如可以在每周一或周五拿出一个时间，专门来进行企业内部培训，内容可以根据培训计划来按部就班地实施，也可以根据需要灵活调整。

我们也可以根据工作的需要，随时组织针对性的培训。比如，周末组织了一场促销活动，却发现大部分伙伴对我们产品价值塑造技术还不能掌握，我们可以在当天下班前立即组织"产品价值塑造"的培训，趁热打铁，效果还更好！

（5）培训的考核和奖励。

完全靠员工自我成长的欲望来实施企业内的学习培训计划，效果往往是不够的，因为员工都有惰性，所以我们要对学习和培训进行考核。

考核包括对讲课考试的考核和受训人员的考核，对老师的考核可以让大家填写反馈表，对受训人员的考核可以做笔试题，或直接口头面试考核。

对学习要给予奖励，公司的奖励在哪里，战略就在哪里，这是形成学习氛围的重要方式。对于授课老师，我们可以根据其授课的效果、受欢迎程度来给予物质、精神、福利等方面的奖励。对考核优秀的学员，我们也可以给予这样的奖励。另一方面，对考核成绩较差的伙伴，也可以给予适当的惩罚。

（6）能不能把学习和培训变成一场竞赛。

学习、提高、培训，这本身就是一件快乐的事情，我们可以让这件事情更快乐。比如定期组织"模拟谈单大赛""公众演讲赛""评比形象之星"等，并对优胜者做出表彰奖励。

第三章　团队管理：凝神聚力创出合作辉煌

你要推动什么，就把它变成一场竞赛，这是立即调动大家参与热情的好方式。

（7）在时机成熟时，你可以成立"培训小组"或"培训部"。

在你的企业越做越大的过程中，时机成熟时，你可以在公司成立"培训小组"或是"培训部"。培训部有专职的讲师，也有各岗位上的兼职讲师。类似一家培训公司那样运作，为企业所有的部门提供课程。培训机制是每个企业的核心财富，是企业文化推广和传承、树立品牌形象的内部力量，是员工技能快速提升、团队复制的保障。

最后，我想说的是，懂培训、会演讲的管理者，你的推动和表率将会让企业的培训机制更快、更好地建立和运行，这是企业保持竞争优势对新一代管理者的要求。作为管理者，我们事业和人生的成功都需要具备这样的能力！

通过有效的训练，普通人也能成为签单高手

我们当然希望团队里能有更多的精英、更多的签单高手，一个签单高手的业绩有时能抵好几个人，甚至十多个人的业绩。

那精英从哪里来呢？一个重要的方式就是广泛地招募、选拔，不过精英在人群中毕竟是少数，对绝大多数公司来说他们是一种稀缺性的资产，他们不会缺乏工作机会。所以，如果我们更多地依赖去招募能人、神人，把提高业绩的期望寄托在他们身上，你往往会感叹成本实在是高昂，而且招募困难！

那有没有一种办法，能把具有一定潜质的人快速培养成签单高手，从而"批量生产"精英呢？其实，这是有方法可以借鉴和

使用的。也许我们无法从根本上改变一个人，但我们完全可以使用一些有效的训练方式，让身心健康的普通人在更短时间内成为签单高手！

如何做呢？分为两个方面：一个是找对人，一个是做训练。

（1）找对人就是寻找有潜质的人。有潜质的人一定是内在自我价值感高、中正自信的人，同时身心健康，心智健全，抗击打能力最强。如果再加上有企图心，那就更棒了，这代表着他愿意做些事情展现自我价值。

我认为这样的人，是具有成功基因的人，可以快速融入团队，比较容易训练成功。

在营销团队的用人方面，我宁愿用一个自负的人，也不会去用一个自卑的人。自负的人至少有野心，敢想敢干；而自卑的人也许连试一下的勇气都没有，或者有一颗"玻璃心"，总在受伤、抱怨和疗伤。作为管理者，你绝不应把宝贵的精力投放在"拯救"这些人身上。

而关于如何甄选这类人的问题，你可以做一些心智和性格测试，这样可以看出一个人的心智健康程度和自我价值感高低的程度。作为一名求职者，文凭可以造假，简历可以杜撰，但是性格是不能欺骗人的，这是我们可以把握的地方。

（2）找到人之后，我们要做训练。究竟什么样的训练方式，能把一个普通人迅速变成签单高手？

所有的学习都是为了使用，都是为了让自己和自己想要的结果变得更好。你不可能告诉别人说，我又想学习提高又不想改变，没有这样的事。

不过在这个世界上，有太多的人常常张口便说"我知道"，似乎他已经拥有了他所知道的东西一样。很多人的失败和平庸，就是因为常常说"我知道"，知道很多，却行动很少。即使他真的知道如何"成功"，如何"赚钱"，"成功"和"赚钱"依然和他无关。每一个成功的管理者，都是行动让他成功的，而绝非知道了就成功了。

所以，把一般人快速地训练成签单高手，这不是通过培训讲解让他停留在"知道"的层面，而一定是通过训练，让他快速"改变和行动"出来。

我在上课的时候，经常和大家说的一句话："衡量一个人学习后有没有使用和改变的唯一标准，就是表情、动作和语言改变没有！"学习就是为了达成这三个方面的改变，如果没有这三个方面的改变，学习是无效的。而在这三个改变里，最重要的改变就是语言的改变，语言的改变会带来其他两个方面的改变。

在这里，我们把"语言"叫作"话术"，亦即说话的艺术。我常常说："话术，承载着所有策略和技巧的落地。"所以我们的训练要直接改变大家的语言，要改变大家的语言就是要背话术、做话术演练，这是终极的落地技巧。步骤大致如下：

1. 编撰制作各方面的话术模板

编撰话术模板时，最好有实战专家的指导。任何有效的话术都是从客户深层的消费心理出发，来对客户进行引导并最终促成，这不是一个基层人员能做到的事情。实战专家在编写话术模板时，会加入各种销售说服工具，包括催眠式销售、包括NLP（神经语言程式学）的运用等，自然发挥潜意识说服的效果，这样有高度、有品质的话术，威力自然也更强大了。

而话术都有哪些呢？针对销售全员如何介绍产品，应当有专门的"产品介绍-价值塑造话术"；针对电话营销人员，应当有"电话营销话术"；针对签单谈单人员，应当有专门的"销售沟通话术"；针对客服人员，应当有"客户流程话术"；针对售后人员，应当有"售后及投诉应对话术"……

而针对管理人员，要不要有话术？当然要，你的管理人员能力提升起来后，作为企业所有者的你才能真正解放出来！而一个人管理艺术的体现，其实90%取决于他与别人（主要是下属）沟通时使用的语言，所以我们还有"教练式管理话术"，来快速量产管理人员。

从这里可以看出，统一编撰的"话术"是让销售这个充满灵活性和艺术性的工作变得有规律可循的重要工具，把销售工作流程化和标准化后，销售人员才能量产，团队才能复制，继而裂变。

2. 不断更新话术模板，奖励有贡献的人

根据客户的新问题，市场竞争的新动态，随时添加和更新话术。

在现实工作中，有一些签单高手的个人话术很有效，我们可以让他在例会时作分享，并给予适当的奖励。然后汇总这些话术，做一些修改，去掉一些个人化、个性化的东西，变成人人都可以使用的话术，添加在我们的话术模板里。

3. 相关人员每天（或定期）演练，要保质保量

在晨会、夕会上，或者每天固定拿出一段时间来专门背话

术。在背熟话术之后，大家便可以一对一模拟练习。如果能把这件事情做到位，全员的成长可以做到"一日千里"般的速度。为了避免走过场做成形式，使演练效果更好，现场还要专门安排调动人的音乐配合等。

4. 检查和表率

话术演练这件事情，如果在初期管理者亲自上阵，积极投入，无疑会给大家一个很好的带头示范作用，对全员的行动推动更有力。同时你要知道，检查什么就是在强化什么，所以要定期检查团队话术演练的实施情况和效果。

5. 把这件事变成一场有趣的竞赛

话术演练不应当是枯燥乏味的工作，你可以把这件事情变成一场有趣的竞赛，比如"模拟谈单大赛""产品价值塑造大赛""客户案例故事分享会"等。

竞赛当然是要设置奖品或者奖状等，你奖励什么，公司的战略就是什么，你奖励什么，你便能收获什么！

针对玛尔思的学员，我们提供了大量的话术模板，以及独立编撰话术的工具，加上扎实落地，结果在很短时间内，很多企业原来平常的员工，甚至很多人之前从来没有接触过销售工作，却突然一跃成为签单高手，成为企业快速做大做强最核心的资产。

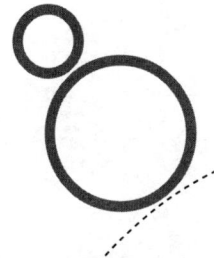

第四章 产品力：培养无法抗拒的品牌魅力

为什么现在很多企业撑不过5年就会倒闭？原因很简单，就是这些企业的产品太普通了。很多人可能会觉得自己的产品很好，不是普通产品。其实，如果你的产品销售额没有超过一亿元，那就是普通产品，而这类产品在5年之内很有可能被替代或是被市场淘汰。所谓好产品不仅是产品本身好，还要卖得好，形成品牌。未来企业80%的利润来自品牌，只有有能力打造品牌的企业才能在竞争中活下去。

发现别人需求的能力，就是你赚钱的能力

在这个世界上，发现别人需求的能力就是你赚钱的能力，解决别人问题的速度就是你赚钱的速度。

1. 找到客户的隐形需求和心理需求

在很多时候，客户并不是没有需求，而是他的需求是隐性的，我们没有觉察到。就像很多人在上架产品之前，喜欢做一堆市场调查问卷，然后按照潜在消费者的"需求"推出项目，结果产品投放市场后发现人们并不买账，项目被迫下马，为什么？因为做调查问卷的需求是客户意识层面的需求，并不是他潜意识的需求，也就是说不一定是他真正的需求。

70岁的富翁娶了一位27岁的美女。朋友问他是怎么做到的，富翁冷静地说："没什么，我只是谎报了年龄。"朋友惊讶地问："你不会说自己50岁吧？"富翁看也没看朋友，淡淡地说："我告诉她我90岁了。"

老头子就很聪明，他按客户的"需求"来打造自己的产品，所以才能一击命中。

所以，当知道别人想要什么的时候，我们就迎合他的心智，选择适宜的产品，并打造包装成他想要的样子，这样销售就简单多了。

2. 发现和满足新的需求

在马斯洛的需求层次理论中，包括生理需求、安全需求、情

感归属的需求、尊重的需求、自我实现的需求、自我超越的需求等六个层级。这六个层次在逐级攀升，价值感也越来越高。我们的产品和服务，就是一个满足客户需求的载体。

如果你现在能跟随我，脱离原来的框架，飞到离地面万米的高空，俯瞰你原来的竞争环境，你定会发现，在那个你熟悉的商业生态环境中，在拼得你死我活的同业竞争里，客户竟然还有那么多尚未满足的需求和期待！

这样想一想，你会突然豁然开朗，原来除了价格战外，在满足客户需求上，在塑造价值上，在选择产品上，在提炼独特卖点上，我们可以发挥的空间实在是太大了。谁能够更快地行动起来，满足客户尚未满足的需求和期待，谁便能赢得更多客户！

3. 不是跟随客户的需求，而是引领客户的需求

其实很多时候，一个人想要什么他自己也说不清楚。如果他不认识、不了解价值，他当然不会觉得有需求。在某些原始部落，他们不认识电脑，不了解电脑的价值，更不会使用电脑，他们当然就没有需求了，如果能看到和了解到电脑的价值，他自然就有需求了。

就像我们出去旅游，导游带我们去购物，一开始都觉得没什么需求也不想购买，但是当导游把我们带到购物的商场以后，并且了解到商品的价值，我们自然就产生了需求：这个可以用在哪儿，那个可以送给谁等。所以产品选择及营销的整个过程，不要掉到客户的框架里，那样就会很被动，要学会把客户带进自己的框架，没有需求，就要创造需求。

真正的营销高手，不是跟随客户需求，而是引领客户需求。

4. 没有客户不需要的产品，只是没找到卖出去的"框架"

任何一个产品，只要找到恰当的"时间、空间、角度、立场"，客户都是需要的。在现有的框架中没有需求，可能在未来就有需求；在这里不买，换个空间可能就会买；为自己不买，但为了家人、为了朋友可能就会买。

客户觉得没有需求，其实是他觉得"现在，在这里，为自己"没有需求。如果我们能引导客户变换一下角度和立场，就能找到他有需求的"框架"，让他看到产品的巨大价值。

一流的人做未来的事，管理者就是要看到趋势，顺应趋势，思考未来的事。如果我们能比竞争对手更早地发现不同框架里的资源，或者站在未来的角度判断现在的事情，定能发现更多的需求和机会。

如何发现需求，如何看准趋势赚大钱？可以想象以下三个问题：

- 观察赚钱的人都在干些什么；
- 分析他们是怎么做的；
- 总结他们是如何实现的。

培养客户需求，不断地为客户创造价值，最终跟客户建立长期的关系，接着制造一种让顾客产生依赖的机制，创造顾客非买不可的理由。这时候客户对你的产品和服务就不会有贵的概念，客户会心甘情愿把所有的消费行为发生在你身上。

历史告诉我们：先知先觉是机会者，后知后觉是行业者，不知不觉是消费者。世界上不可能的事情,是想出来的;世界上可能的事情,是做出来的。

成功的秘诀就在于:一个机会还没有显示出它的价值,别人都不以为意,你凭借自己的判断力,提前一步发现了它潜在的价值,并且有敢闯敢试的勇气,借助新生事物特有的强大生命力,把早期参与者推向成功。

没有最好的市场,只有经过验证的市场

我们所有的营销活动都必须聚焦在目标市场上,聚焦在一群最理想的客户身上,他们最能享受我们的服务和产品所带来的变化,他们有能力支付我们的价格,他们有持续强烈的需求。借由服务他们,我们能够实现我们的梦想。那么,如何选准目标市场呢?

1. 财富的大门不是产品,而是市场

永远不要问:"我究竟卖什么好呢?"就是说,你不是要判断我是"卖面膜"好呢,还是卖"空气净化器"好呢?而是要先判断,我是要做"美容市场"还是做"净化器市场"。也就是说不是先考虑产品,而是先考虑"市场",或者说,你真正要选择的是想美容的人群,还是关注饮水健康的人群。产品与市场这两个概念,有着本质的不同:

- 产品是基于功能的,市场是基于需求的;
- 产品关注点是"货源",市场关注点是"客户在哪里";
- 产品引发"广告与销售",市场引发"服务和培育";

● 产品价值周期比较短，市场的价值周期是"客户终身价值"！

所以，选择产品不重要，选择愿意掏钱的客户群体才是第一位的。

每当看到那些招商网站大做广告时，我就很担心，因为那些"憧憬美好未来"的加盟者基本都不知道，财富的本源不在于产品，而在于客户，选择产品不重要，选择"愿意掏钱的客户群体"才是第一位的。

所以，请你再次记住：

不要对产品忠诚，而要对市场忠诚！能这样想，就代表做营销已经入门了。产品是拿来超越的，就是要不断升级进步，所以"苹果"一代代接着出，从不迟疑！市场是拿来耕耘的，就是要不断生产收割，所以"苹果控"一代代追着换，从不留恋！所以以后别再问"我该卖什么好"——这个问题没有意义，说明你做营销、做企业还没有入门。

那么，到底该选择什么细分市场呢？我给你一句话：没有最好的市场，只有经过验证的市场。

如果你现在还没有找到很好的细分市场，我给你一个建议，就是找到最优的做法，去模仿它！我们可以找个经过验证的产品、经过验证的市场，然后站在不同的更大的框架上，添加新卖点进行二次包装、优化！所以，你未必需要去"挖掘"一个全新的市场，不需要去创造一个独一无二的商业模式，你要做的事情就是直接去找个经过验证的金矿市场。

金矿市场在哪里？先从"势"出发来进行探究。

人的思考有三种层次：

- 第一层次，"势"，凡思考就是从"势"出发，势就是趋势，是大势所趋，还是大势已去。"势"的思考，关注的是如何找正确的事情来做。
- 第二层次："事"，就是天天忙着做事情、选市场，关注的是如何把事情做正确。
- 第三层次："是"，就是判断"是"还是"不是"，关注谁对谁错。

以上三个层次，没有第一层的思考，便无法保障第二层能得到预期的效果；没有第二层的思考，第三层更毫无意义。这个世界大多数平庸者花了太多的精力和时间纠结在第三层次的是非论断中，而能运用这三个思考层级的人就是有智慧的人。

选择细分市场，就是从"势"出来，锁定金矿市场，总是做正确的事情！

2. 什么是"金矿市场"

简单来说，能部分满足以下几个条件就可以称为金矿市场：符合趋势、引领变革；正在热销，规模需求，产品形式丰富多样；人们需求强烈；利率高；可重复消费。

我们说，选对行业赚大钱，那怎么选呢？

(1) 选趋势性的行业。

目前，"互联网+"的概念非常火，最重要的是国家已经落实了"互联网+"的行动指导意见，从人工智能、电子商务、绿色生态、现代农业等十多个方面出台相关支持措施；加之移动互联网的火热，我相信电商与相关产业的结合就是下一阶段的"金矿"，有很多我们可以把握的巨大机会。

（2）选需求大、受众多的行业。

（3）选竞争对手较少的行业。

（4）选投资金额少的行业。

（5）选利润空间大的行业。

（6）选不需要太多管理工作的行业。

锁定客户的核心需求，倍增产品的销售力

选准市场和人群后，我们是不是就开始卖产品了呢？不是！我们还需要锁定这个群体最核心的需求、最"敏感的神经"，并根据这个来包装和定位我们的产品和服务，提炼我们独特的卖点。同样的减肥产品，一个是快速见效，一个是效果持久，哪一个让客户更愿意掏钱？实践证明"快速见效"是最持久的卖点。

同样的客户群体，其需求是多元化的，要找到一个"切口"，以最快的速度打动他们，我们称之为"行动力扳机"。

什么叫"行动力扳机"？就是纯粹站在客户的角度去思考，想一想：什么问题让客户牵肠挂肚，睡不着觉？什么问题会让客户在深夜等待你的电话？什么信息让客户看见之后会乐得合不上嘴？什么赠品和免费服务让客户听见之后会立即想索要？如何找到客户未被满足的期待，如何锁定客户的需求？我们先要进入客户的世界去作了解。

153

大多数中国草根创业者本身学历不高，也非专业出身，当年因为敏锐的嗅觉和勤奋踏实，抓住了一些机会，创立了自己的企业，取得一定的基础。

不过随着中国市场化的深入、竞争的加剧、人口红利的消失、互联网时代的到来，越来越多的企业和老板遇到了发展的瓶颈和困惑，感受到了自身的多项不足。而很多大学开设的工商管理、市场营销、电商课程，其教材大多沿用国外理论观点，不能结合国内的实际情况，授课导师也缺乏经营企业的实战经验，导致其培养出的学生不接地气，缺乏实操能力。国内一些著名的高等学府开设的EMBA课程一度成了企业主镀金以及结识政府官员的场所，不能有效地帮助到企业脱离发展瓶颈。

而在民间的企业管理培训机构中，各种大师层出不穷，培训课程形式花哨、气氛喧嚣，因老师本人缺乏经营企业的成功历练，学习后落地效果也较有限，甚至导致某些人认为"培训没用"。

其实，不是培训没用，而是你需要找到适合你的老师和课程。中小微企业老板需要的是真正从实战草根出身，自己有经营企业的成功经历，并且本身已有大量指导企业成功案例的导师。

我们先来梳理一下，究竟如何锁定客户的核心需求，我们可以从以下几个方面来着手：

（1）客户的梦想。客户对现状肯定是不满意的，他希望改变，我们就是在现状和梦想之间搭建一座桥梁。对客户的梦想了解得越清晰，我们就越能够找到客户最核心的需求。

（2）客户的近期目标。既然客户有梦想那他就会有目标，也许他积累了一些知识、方法和技巧，也曾努力过，那他现在的目标是什么？我们要了解清楚。

（3）客户最大的障碍和困惑。如果客户现在还没有实现目标，那他肯定是遇到了一些困难，我们需要找到这些困难和障碍。

（4）客户的对策。在他没有接触我们的产品之前，或许他用了别的产品，效果如何？

比如减肥，很多人反复试验各种各样的减肥方法，但是不灵。有人说："管他呢，胖就胖呗！"当然这也是对策，你需要告诉客户，这种对策是有代价的，比如会导致什么样的后果。你应该让客户清楚，如果没有你的产品，也许他会成为胖子，一直这么胖，然后付出很多其他代价。

为了锁定客户的最大问题和需求，我们可以：

（1）选定细分市场后，寻找目标客户最密集的专业论坛、社区、微信群；

（2）汇总目标客户最常询问的20个问题；

（3）从中筛选出自己最擅长解答的、客户最常问的10个问题；

（4）借助搜索引擎以及个人经历、行业专业知识来回答问题；

（5）编辑成文档。

在这里，我们暂且罗列几个行业中客户常见的一些问题和担忧：

- 餐饮：服务、氛围、口味、千篇一律没新意、用餐的心情愉悦度；
- 培训：老师实力、针对性、转化和落地、复杂、没效果；
- 保健品：安全性、有无毒副作用、能否快速见效；
- 美容：毒副作用、贴牌假货多、如何证明正品、快速见效；
- 减肥：总是反弹、不好坚持；
- 环保节能相关的行业：价格昂贵、不方便使用；
- 运动：如何坚持、趣味性不够、运动的环境和氛围；
- 旅游：承诺不兑现、强制购物。

以上是这些行业里客户常见的一些问题，即"痛点"。锁定市场的核心需求，就是要100%站在客户的立场上，找到客户最"敏感"的神经，提炼出竞争对手忽略的但是能引起客户共鸣的价值，打造吸引客户的"行动力扳机"，让你的产品和服务横空出世！

客户的终极渴望，决定产品的呈现形态

在锁定客户核心需求后，倘若能进一步聚焦他需求背后的渴望，将使我们产品的销售力更加强大。如果我们不知道对方最终想要的是什么，对方的渴望为何，我们是无法完成销售的。

客户的渴望就是客户的终极需求。比如说，你问企业所有者："你需要什么？"他可能说："我需要赚钱。"赚钱只是一个表

面的需求，他为什么需要赚钱？可能他会说赚钱让我很有成就感，什么东西都能买到；赚钱能够实现我的梦想，我想去什么地方都可以；我也可以去帮助别人，获得一种自由的感觉。我们必须拨开具体的表象，弄清楚他更深层次、更高级别的需求，也就是"渴望"。

有人说"我要减肥"，但减肥和赚钱一样是个表面需求，她为什么要减肥呢？可能减肥让她觉得在别人面前更自信了，她需要这种自信，这是一种情感的需求。但即使是这样的需求也还是一个次要的、表面的需求，在更深的层次她希望什么呢？她希望能够成为更受欢迎、有更多人爱的人。

当一个人向你描述的是具体的价值或行为结果时，这是一种表面需求，在这后边一定有一种情感的因素。我们知道情感驱使着行动，而情感的背后一定有一种"身份的改变"。

在销售的时候，如果我们能够描述出客户在使用我们产品之后所发生的具体变化，包括环境的变化、生活方式的变化、情感的变化、身份的变化等，无疑我们的产品销售就会更有威力。所以，我们卖的不仅仅是这个产品，而是一种状态的改变。

> 玛尔思"老板学院"的理念是企业业绩倍增，企业家身心自由。业绩倍增，是我们的产品和服务能够给企业家的一种改变状态；而身心自由，是企业强大、业绩持续增长后，企业家能达到的一种人生境界。这恐怕也是我们所有人追求的一种人生境界，引起了很多企业家的共鸣。

从这里你可以看到，概念、身份的威力是非常大的，虽然你的产品和服务给客户带来了一些具体的价值，但是你不要仅仅停在这里，你要让客户有不同的情感体验，最好让他的身份也发生一些变化。身份就是在人群中的标识，我们每一个人都希望在人群中是独特的，是不一样的，这是人的需求。如果你能够让客户在人群中有这样的标识，那你的产品就非常有吸引力。

宝马、奔驰、路虎、保时捷等高端品牌汽车就是这么做的。如果你开奔驰，你是一类人；如果你开宝马，你是另外一类人。为什么他们的汽车老是要加价提车，有时还买不到？因为他们的营销重点不是卖更多的车，否则品牌就泛滥了！

> 宝马的营销目的是让年轻人，甚至还在读书的大学生发誓，我买的第一辆车必须是宝马。拥有这种渴望的人越多越好，这就是改变客户的思维模式。虽然宝马的营销无法实现最大限度地卖车，但是如果有越来越多的年轻人渴望第一辆车是宝马，卖车就成了必然。所以，宝马的营销目的在于影响客户的思维模式，赢得一大批忠实的粉丝。要知道很多人买宝马、买路虎、买保时捷，不是一晚上就决定的，他们可能在几年前就决定了，这就是这些品牌汽车营销的威力。拥有它，你便能成为不同的人！

我们知道了客户心中的渴望，接下来还必须能够使用准确有力的语言清晰地加以描绘，这样才能引发客户的欲望。

总结一下，通过聚焦渴望实现成交的过程有三步：

- 第一步，进入对方的世界，用准确的语言描述对方的渴望和愿景；
- 第二步，把客户带到他的世界的边缘，一步步引导客户；
- 第三步，将客户带入你的世界，实现销售。

当我们能聚焦客户的终极渴望之后，接下来一步步倒推回来，我们需要拿出什么卖点和价值？我们如何打造与众不同的产品？我们要提供什么样的服务和保障？我们需要如何定位和包装产品？

这一切问题自然会有准确的答案，这就是逆向营销的思维，由客户的终极渴望来决定产品的呈现形态，这才是一流的产品策略。

产品投向市场前，先找到客户的"伤口"

为了让客户的终极渴望、潜在需求变得更可触摸和清晰可见，继而变得迫切，同时让我们的营销过程及销售流程变得更加平滑易推进，我们需要逐步引导客户看到问题、重视问题，这就需要为客户制造痛苦，并不断加强刺激。

制造痛苦就是让客户直面问题，引导他在某个框架中、某种情形下加深痛苦的感受，从而让他想得到产品的渴望变得更强烈。

比如：也许现在没有拥有这个产品感觉没什么，但是在未来的某个时刻、某个空间、某个角度，就会觉得没有拥有这个产品是人生巨大的遗憾和损失，会非常痛苦和后悔。如果早前当年的某个时刻、某个空间早就拥有了这个产品的话，也许今天就能更加幸福、美满、成功……

正是避免痛苦、逃离痛苦、追求快乐的动力，在影响客户做出改变。制造痛苦在任何一个行业中都可以使用，比如：

- 美容品：25岁前就需要保养，不然鱼尾纹爬上眼角，就无法消除……
- 4S店：副厂配件可能引起汽车电路烧坏，汽车锁死严重，危害行车安全……
- 培训：无效的培训浪费时间，打击你的热情和信心，错过发展的黄金时机……
- 保健品：免费体检，发现身体微循环有问题，这是百病之源，如不解决，可能百病丛生……
- 绿色食品：食品安全是天大的事，病从口入，有害食品会引起各种慢性病、致癌……
- 健康保养：健康就是一切，没有健康，车子、房子、票子、妻子、孩子都成了别人的……
- 房子：买到风水不好的房子，诸事不顺……
- 亲子教育：任何的成功都抵消不了孩子教育的失败，改变家庭教育方式从而改变家族命运……
- 消费投资：通货膨胀，积蓄是贬值，消费才是增值，快乐无须等待……

每个人都有自己价值观的排序，如果这个潜在的痛苦可能触发他失去人生最重要的价值，势必会引起他的警觉和极大重视。

这时，我们再给对方提供解决方案和产品，或传递你的理念，通常对方就更容易接受。

一个人愿意掏钱一定是他有需求，他身上有"伤口"，也就是我们很多人说的"痛点"。他要付出成本来治疗他的"伤口"，而且"伤口"越大，他肯掏的钱越多，掏钱的速度就越快。

所以，你要想把产品投向市场，就一定要找到大家的"伤口"，再把"伤口"撕大，再撕大，这时他们就不再和你讨价还价了。如果对方没有需求、没有"伤口"，那就想办法创造他的"伤口"。

最重要的是我们要记住：制造痛苦的能力，就是创造需求的能力，就是你的营销能力和产品力！

一流营销卖的是商品，而不是产品

产品，是为"满足"或"引发"客户某一需要，为解决某一问题、达到某种好处的工具和载体。人们不需要产品，人们需要解决问题的方案；人们不需要商家，人们需要解决问题的专家；我们给的是产品，但我们卖的永远是结果。

如何打造优秀的产品？接着，我们来看一个案例。

我们认为，企业的不同发展阶段有其自然的发展规律和特点，大公司的营销和运营策略看似高大上，但并不适合中小微企业的实际操作。中小微企业不可能像大企业那样动不动拿钱砸"品牌营销"，也不易像大企业那样吸纳众多优秀的人才。中小微企业尤其需要低成本、低投入倍增业绩的策略和方法，这是企业的命脉。在打下营销基础后，进一步打造出适合自己的系统，以做强做大企业。这一切，基本上都是由管理者的水平和格局决定的！

根据这些问题和特点，我们成立了专门适合草根创业群体的商学院——玛尔思"老板学院"，提供适合中小微企业的实战落地课程。课程摒弃花哨的喧嚣和华而不实的"成功学"，以"实战、干活、落地、有效"为核心价值，讲师本就是草根老板出身，在市场摸爬滚打中取得成功，同时又具备优秀的授课能力，相信这样的课程会更受到欢迎。

而事实也证明了这一点，目前已经有数万名管理者参加过玛尔思的课程，并在全国各地创造了众多业绩倍增、企业快速拓展的案例。

什么叫产品形态？产品形态就是我们的产品最终呈现在客户面前的形象和状态，它包括一个或一组有形无形的产品解决方案。从上述案例中你会发现，产品形态就是专门针对客户的需求和痛点设计组合的，所以一经推出便具有很强的销售力！

我们把产品形态，简称"商品"，那么产品与商品有何区别呢？产品由卖家设计，商品由买卖双方共同设计；产品是基于功能的，商品是基于需求的。

商品的实质是什么？商品＝整体解决方案＝产品＋欲望＋担忧，解决方案既包括看得见的部分，又包括看不见的部分。

例如：

第四章　产品力：培养无法抗拒的品牌魅力

房子是产品，高端社区里温馨的家是商品！

保健品是产品，预防疾病、延缓衰老是商品！

健身卡是产品，健康自信的生活方式是商品！

化妆品是产品，拥有迷人魅力的梦想是商品！

英语教材是产品，成为国际化的人才是商品！

培训课程是产品，有智慧的工作和生活是商品！

所以，客户买的是什么？你卖的又是什么？不是产品，是商品！

什么是最好的产品？记住这句话：最好的产品就是把客户的欲望、担忧和方案组合在产品里，可以引发并满足客户的欲望，引发并解决客户的担忧！

我们现在知道了什么是商品，了解了一流的营销就是销售商品，而不是产品。那么，如何打造完美的商品呢？总结上面的案例，可以看到，我们需要：

（1）走进细分市场，和目标客户深入交流；

（2）了解顾客显现和潜在的需求与欲望；

（3）了解顾客的担忧因素和核心问题；

（4）围绕产品功能，设计可以满足欲望、解除担忧的"商品"，形成一套解决方案；

（5）根据顾客反馈适时进行优化，不断进行升级。

具体来看，好的商品（解决方案）需具备四大特性：

1. 满足客户需要

"营销=解除客户抗拒。"曾听过一位营销专家讲过这样的

163

话,乍听似乎言之有理,其实毫无意义!

营销的真谛永远都是把正确的商品卖给正确的人,再多的花招和销售技巧也不能违背这个真理!不然即使一时能成交,也可能遗患无穷。我建议你不要总想着如何"把冰块卖给因纽特""把海水卖给水手",这样体现出的营销水平并无实质意义。与其花时间去研究"如何接触抗拒",不如把适合的产品、真正有价值的商品卖给真正需要的人,而且可以大量地卖!

所以,一流的营销和产品根本不必面对客户的抗拒,因为你是把客户需要的价值通过合适的手段交换给他们。

2. 引发客户需要和欲望

销售的速度取决于对客户欲望的开发速度,不管你销售什么,真正销售的都是客户的欲望!快速引爆客户欲望,让客户有眼前一亮的感觉——

"哇,营销原来可以这样做!"

"培训原来可以这样做!"

"业绩原来真的可以倍增!"

"效果原来可以这样好!"

……

3. 解决客户的问题和担忧

一个解决方案只解决排列在前三位的问题,别期待一个解决方案能解决所有的问题。怎么办呢?你可以多提供几套解决方案供客户选择。

4. 为达到某种蓝图

我们的方案要符合目标客户的价值观，实现客户购买这类商品所期待的价值，如省心、方便、省时、舒适、宁静、健康、平安、快乐、自信、勇敢、温暖、爱、自我价值感等，这些都是人类毕生追求的终极价值。我们的解决方案就是可以协助客户加速这些价值的实现。

正如一位化妆品经营大师所说的，我成功的秘诀是："我从不承诺我们的化妆品一定可以让她变得更漂亮，但我总是给予她最美好的期待！"

清晰的产品定位，才利于推广和传播

没有一个解决方案能解决所有客户的问题，所以才需要定位。

用射击打靶来比喻的话，选择细分市场犹如确定了射击的目标区域，锁定客户问题犹如洞悉敌情，以便我们选择最有效的攻击方式和火力。而解决方案犹如打靶的枪支，定位就相当于给枪支做个固定和瞄准，以免来回飘移，以便让我们的品牌推广和广告宣传弹无虚发。

同时，这也是从定位这个层面，体现以市场为中心、以客户为中心。确立一个明确的位置，这样我们才能专注专精、精耕细作、有的放矢，以便客户找到我们，也让我们随时知悉什么样的客户最适合我们。

清晰的定位可以提升彼此的认知高度，利于营销推广和提高广告传播的效率，培育客户！

我要和你分享的是用最通俗易懂的方式来理解什么是定位，以及如何做一个更有竞争力的定位（本书的"定位"，专指"品牌及广告定位"）。

- 定位：即我们的产品和服务、解决方案是卖给谁的，是为什么人群提供服务的。
- 品牌：就是产品或企业给客户的印象，其他都是对这句话的注解！
- 品牌魔咒：你给客户的印象就是你的全部！

我们要了解，一个产品在市场中真实的定位状况不是由企业说了算，而是由留给客户的印象决定！就如同"爱"：我感觉我很爱你，于是我对你说："我爱你！"你回应我说："我感觉不到！"想一想，出了什么问题？没错，爱还是不爱，不是由我（施爱者）说了算，而是由你（被爱者）感知到的为准，所以，请你深呼吸，记下这句话：沟通的意义取决于对方的回应，定位的意义取决于你留给市场的印象。

定位就如同光环效应。所谓光环效应，就是说一个人对另一个人的某个特质印象很深刻，这个特质就像对方身上的光环，成为他给对方下的定义；这个特质也会因此不断向外发散光芒，以至于让他看不到对方身上的其他特质。

所以，在商场上，你给别人的印象就代表你的全部；在市场上，产品或品牌给客户的印象就是你产品的全部。一个客户对某一个产品的某种特质印象深刻，他就以此作出买与不买的决定！

第四章 产品力：培养无法抗拒的品牌魅力

什么是印象？印象就决定了我们能否活，并且能否活好！广告播完了要让人有深刻印象，文案看完了要有深刻印象，销售谈单要让客户有深刻印象，品牌经营就是经营印象，所以我们要讲白话，不要复杂，符合客户心中的"价值图景"。

要想做好定位，就要了解人，正可谓"知彼知己，百战不殆"！要抓住客户的心，要占领消费者心中的位置，就需要了解他们的思考模式，这是进行定位的前提。

定位就是要符合客户内心的思考模式，客户的思考模式决定了我们的定位原则。

定位的步骤：了解客户思考模式→客户容易对什么产生深刻印象→我们如何定位→如何产生印象。

我们接下来，来看最常用的定位原则——Kiss+价值图景重合术。

（1）定位原则一：Kiss——做一句话能说明白的企业

"kiss 原则"，即 Keep It Simple&Stupid，即保持它的简单浅显。为什么？

• 客户只能接收有限的信息

在信息泛滥的时代，客户会按照个人的经验、喜好、兴趣甚至情绪，选择接收哪些信息，记忆哪些信息。所以，比较能引起客户兴趣的产品和品牌，就拥有进入消费者记忆的优势。

• 客户喜欢简单、讨厌复杂，喜欢容易、没有耐心。在各种广告的狂轰滥炸下，客户最需要简单明了的信息，不要长篇大论，只需要集中力量，总结成一句话，直截了当地打入消费者内心。

定位就是经营印象，唯有简单，印象才深刻，成功企业都是

167

一句话能说明白的企业！比如：

- 农夫山泉：农夫山泉有点甜
- 格力空调：好空调，格力造
- 中国移动：沟通从心开始
- 阿里巴巴：让天下没有难做的生意
……

（2）定位的原则二：价值图景重合

价值图景就是客户比较在乎的价值观图像和远景，可能是清晰的，也可能是模糊的，这和我们之前讲的"梦想"区别在哪里？"价值图景"是客户脑海里已有的，而"梦想"可以理解为我们帮他将"价值图景"进一步升级放大，呈现更加清晰具体的结果。

价值图景重合，就是消费者心中的影像与当下信息所引发的影像高度相似，产生重合和共振，立即激发消费者兴趣，消费者开始自我说服、自我感动，从而让产品最快、最顺利地进入客户心智。例如，当你第一次看到、听到某个广告时，身体会产生犹如轻微电击般暖流穿过的感觉，也有人把这个叫作一见钟情、占领心智。

（3）价值图景重合定位的原则

- 价值图景由生活经历、人生目标、当下状态、核心价值观、一段美好或痛苦的回忆、原生家庭关系等众多因素形成，往往是秘而不宣的，也许是当事人自己也不太清晰的潜意识里的信息。

第四章　产品力：培养无法抗拒的品牌魅力

- 我们要对市场和人文社会、人性有独到理解和深刻洞悉，才能提炼出和客户价值图景重合的广告定位。
- 定位诉求的、凸显的价值符合目标市场客户的核心价值观。
- 定位能引发客户产生图像的联想，联想一定是美好、健康、愉悦的。

只要有扎实的后端，就大胆地在前端让利

在这里，我们学习以下两个概念：我们把成交之前的部分叫作"前端"；我们把成交之后的部分，即通过追加销售来建立客户的终身价值的这部分，称为"后端"。我们在有"后端"产品的情况下，可以尽可能采取一些"让利"和"借力"措施，来降低首次成交的难度，提高成交率，广泛地增加客户的来源。

我们必须保持一定的成交率，倘若成交率过低，我们所有的梦想都无法实现，更别提加速。同时我们应该争取用三种以上不同的成交方式和"吸粉"方式，这样才不会受制于其中任何一种，比如我们有网络关键词推广、有老客户转介绍机制、有电话销售、有会议营销爆破方式，还有多种自媒体培育方式等。这样万一其中某个渠道因素有一些变化，成交率也不会受到太大的影响，这样我们的业务才会更加稳定。

当然，究竟哪一种成交方式或"吸粉"方式成效最大，我们在测试之后才能够发现。

同时，因为我们有后端产品可以盈利，甚至我们更多的利润是来自后端，所以，我们敢于用前边的让利来"撬动"后边的利润。

169

客户的终身价值在我们的盈利系统中起到杠杆作用,当客户的终身价值非常大、后端产品又很强的情况下,我们就可以利用这个天然的杠杆由前端"撬动"后端。

那么,在前端,我们如何让利、让利于谁呢?我们可以——

1. 让利于新客户

我们的前期宣传要让客户这样理解:"第一次购买我先尝试一下,即使不能满足我全部的需求,但是商家给我的是成本价,还是物超所值的。如果我满意了,再按照正常的价格购买。"这样就会减少很多新客户的顾虑,更愿意去尝试,如果通过尝试客户觉得满意,就会有后期的持续购买。同时,我们的宣传效果也出来了,会吸引更多的新客户进入。诸如"某某快捷酒店,首次办卡即可享 77 元入住大床房"之类的活动,就是这一策略。

2. 让利于"塘主"

比如你是家装公司,你的网络营销人员混在一个业主 QQ 群里想吸粉,怎么做呢?最佳方式就是给"塘主"也就是这个 QQ 群的"群主",提供类似"半价"的装修特权,让其成为"样板工程",然后不经意间做了一些宣传,这样肯定比我们自己与群友做工作更有效果。

除了让利于"塘主",很多时候我们还可以让利于"鱼塘"的销售人员。找到他们,让其给我们介绍客户,只要成交,甚至可以给他们 100% 的利润。肯定会有一些销售人员愿意这么做,对他们来说介绍一下不过是举手之劳,他已经拜访过那些客户了。你的产品又不是假冒伪劣,他只要推荐,就可以获得那么多的好处,何乐而不为呢?

3. 让利于老客户

客户之间相互推荐，是宣传我们产品的最佳方式。比如你对老客户说："如果你能帮我推荐一个新客户，那下一单生意我就给你打七折，只要是你推荐来的新客户，我可以给他打八折。"这样不仅老客户愿意，新客户也得到了实惠。

4. 让利于销售人员

你要给出一个销售人员的激励办法，比如，你告诉他成交一个新客户的提成是50%，而通过老客户转介绍需要分给老客户提成的30%。在这些激励条件下，销售人员就不会仅仅守着老客户，而是会想办法自己去开发新客户。同时，这些新客户会带来后端的利润。当然，你同时需要培训销售人员，让他们维护好老客户，这样才能巩固后端。

5. 让利于第三方

不要忽视第三方销售人员的作用，他们直接与客户进行接触，是决定交易成败的关键环节。如果你能够让利于他们，让他们得到更多的利益，调动他们的积极性，就会给你带来更多的利润。比如你可以找一些做兼职的学生，给予首次成交较高提成，让他们来帮你吸粉。

前端借力，就是要把别人的客户变成自己的客户。我们的目的，就是在"吸粉—成交—追售"这一过程中，尽可能减少阻力和瓶颈，或者尽量把阻力越靠后越好。你想想，假如"前端"都堵住了、"吸粉"效果很差，首次成交率很低，客户进来的很少，我们哪里还有机会放大"后端"呢？

只要我们有扎实的后端，客户的终身价值很高，我们就可以大胆、广泛地在"前端"借力。只有这样，我们才能在后边扩大忠实客户群，而这些忠实客户群是提高客户终身价值的最可靠来源。

有了两端带动，中间的产品自然好卖

我们要先明白一个简单的道理，从现在开始，我们出发点不要老是聚焦于产品本身，而应该是："如何给客户创造某种改变？改变有多大？这个改变对潜在客户来说会值多少钱？"

我们要知道，每个人都在买一种状态的改变——一种从现状到未来的改变。所以我们在设计产品线的时候，要从这种变化中去思考。我们不要考虑说："哦，我这些产品一定是这个形式、那个形式"，而是"客户的改变"决定了产品的展现形式。

为什么要这样思考呢？

当我们能够描述出客户的这种改变，然后把我们的产品作为客户改变的一种手段时，"卖出去"就是很自然的事。相反，你要是坐在研究室里拼命地去想，去研究一个产品，却根本不知道这个产品适合谁用，对客户能起什么样的作用，很显然，未来的销售难度将很大。

客户的改变是一个持续化过程，产品线的组合设计策略就是依据这一改变而来，我们可以使用"金字塔"模式。这个模式从塔基到塔尖一级一级往上提升，依照这样的布局：入门产品→常规产品→流行产品→领先产品等。

但是，作为中小企业，资源和精力是有限的，产品线组合不可能一下子就这样完善，那怎么办呢？我们就要将产品线先聚焦

第四章 产品力：培养无法抗拒的品牌魅力

于"打两端"。

何谓"打两端"？"打两端"就是高端产品主攻利润，低端产品主攻客户量。我们可以用前端的低价产品降低门槛，来吸引客户，创造传播效果，而后端产品高价格，获取高利润。这样在未来的发展过程中，有了两端带动，中间的就好卖了！

要么免费、低价或者超低价，对95%的中低端客户提供免费服务；要么超高价，对5%的高端客户提供超高价值，这样中低端客户和超高端客户都会很满意。并且，95%的客户觉得享受到了价值，也许可能会产生内疚感，一旦他们赚到了钱或者生活水平提高了，就想要购买后边的高价产品和服务。这样，对于我们来说，让自己的产品或服务成为绝大多数人的梦想，只有少数人才可以享有，而让95%的人成了你的传播系统，5%的人为超高价产品来买单。

"产品打两端"是一个非常重要的策略：

（1）打造"防火墙"：前边降低客户的获取门槛，用低价、低端产品来赢得客户。拥有客户之后，我们才有机会来培育客户，开发客户的终身价值。这就相当于在竞争业态中，打造了一堵我们的"防火墙"。

（2）"开门"模式：前面讲过，客户购买是为了一种状态的改变，而改变是一个持续不断的过程。依据这个改变的过程，我们提供了"入门产品→常规产品→流行产品→领先产品"来满足和引导客户改变的演进。每一次前面的购买，总是引发更进一步的需求，开启一道通往购买更高级别产品的大门。这就是"开门"模式，也可以叫"多米诺模式"。

几乎在所有的汽车、电子产品、化妆品等品牌产品中，都有入门级产品及高端主打产品，比如像奔驰汽车，入门的 smart 小车才十多万元，而其高端轿车则要数百万元。事实上，这个策略在各行各业都可以广泛地使用。像我的营销团队就用这个策略对产品进行规划：为了让更多人有机会到现场，感受玛尔思课程的实战效果，我们有学费非常低廉的前端入门级课程，也有数万元高价的后端课程，这些课程是一种进阶升级的关系。

聚焦在某一个点上，胜过多点撒网

太阳光照射到地球的能量很高，可是你在阳光底下并不会有被灼伤的感觉。一个激光束的能量可能只有太阳光的几亿万分之一，但如果打在你的身上、皮肤上或钢板上，依然会被刺穿。

这是为什么呢？激光将焦点集中在一个点上，把能量集中起来，就可以刺穿钢铁、钻石及其他坚硬的东西，而太阳光的能量都分散了，所以你并不会有被刺伤的感觉。

任何企业及个人想要成功，首先一定要锁定某一个领域来提供服务、产品，这样成功概率就会显著提高。如果我们的企业、老板不能集中在某个领域中，资源被分散得太多了，那成功的可能性也不大。

不管产品有多么复杂，也不管市场需求如何，聚焦在某一个点上，往往胜过在两个、三个或四个点上撒网。

劳力士手表很贵，很多成功人士都想拥有。有一天，劳力士公司想创造一个价位比较低的表,好让其他的人也可以购买,不过他们并不会再将这个品牌叫小劳力士表,而是给它一个新品牌帝舵(Tudor),来和劳力士区分。

因为大家想要戴劳力士表就是因为它代表高贵奢华,一块表要卖几十万元或几百万元,是成功人士的象征,但如果他们又出了一款叫小劳力士的表只卖几千几万元,你还会去买吗?那会让拥有劳力士表的人觉得自己的表变得很不值钱,顿时也让整个品牌失去原有的价值,所以他们不会这样做。而换一个品牌做区隔,既拓展了产品线,又维护了产品形象的焦点。

既然锁定焦点那么重要,那我们应该如何做呢?

1. 专属"字眼"

营销中最强有力的概念,是在消费者心中占有一个词。词就是焦点,这个词犹如你的标签,最有效的是那些简单而富有利益导向的词。公司若能通过将自己的业务或者形象浓缩成一个代表着公司的词,深深植根于人们的头脑中,那么这个公司可能会非常成功。

例如,"奔驰"汽车让人想到"尊贵","BMW"让人想到"驾驶乐趣","沃尔沃"让人想到的是"安全","路虎"让人想到的是"高端越野",顺丰速运是"快",等等。

175

当你在某一个利益点上得到了公认，出于光环效应，别人还会给你增添上许多其他利益点。

从现在开始，设计你公司的专属字眼：你要提供什么样的服务？你的产品处于什么样的阶段？你的公司在消费者中的印象是什么？你的品牌带给人什么样的感觉？然后将这一系列都框起来，形成我们企业的框架。客户一想到某个字眼，整个企业的框架就凸显出来，立体起来。

焦点法则就是企业必须先集中力量做好单类业务，从而营造和巩固该领域的绝对市场优势；充分利用有限的资源去聚焦客户，建立客户忠诚度。

2. 占领心智

第一个占领心智远比第一个进入市场更重要。如果你没有占领消费者心智，即使第一个进入市场也白白错失了良机。有成千上万的企业以为只要第一个进入市场，就一定可以占领市场，甚至足以颠覆行业，事实上是，只有第一个占领心智的企业才能做到这一点。

解决这个问题的传统方法是用钱，做广泛宣传，比如用钱砸广告，但如果以开放的心态来看待这件事情，即使钱不多我们也可以达到效果。比如，"苹果"当年就是凭9.1万美元起家的，这个简单易记的名字帮了它不少忙，而竞争者的名字个个复杂得难以记住。

3. 广泛传播

我们在锁定一个焦点后，要针对这个焦点来做大量推广，同时把它作为公司经营的策略，包括所有的企划宣传、广告传播

第四章　产品力：培养无法抗拒的品牌魅力

等，也以这个焦点来培训员工，让员工清楚公司在做些什么事情，而他每天在做的事情对公司有什么帮助。这一切都很明确的时候，事情将变得简单。

我建议：焦点法则不光用在企业定位上，同时还要用在你的身上。对于中小微企业来说，也许没有太多钱，暂时请不了代言人，但是也必须要有形象代言人，这个代言人就是管理者你本人！

对于中小微企业来说，管理者个人的文化、价值观往往就是企业的文化和价值观，所以管理者就是企业，企业就是管理者意志的代表。你是一个什么样的人？有什么样的个性、价值取向？你的经营理念是什么？你能够给别人带来什么？和竞争对手比较，你的独特之处在哪里？如果你能广泛地传播这些内容，对企业的发展将会有巨大的帮助。

塑造产品的唯一性，否则只能拼价格

产品的价值并不一定完全取决于产品本身，价值高的产品不一定就能卖高价。比如，空气，价值很高，却卖不了高价。但是，具有"唯一性"的产品一定能够卖高价！所以，你必须塑造自己产品的唯一性，否则就只能和竞争对手拼价格。

客户愿意为唯一的东西买单，即使价格高出价值很多倍，他也愿意掏钱购买。所以管理者每天要琢磨的就是，与竞争对手比，自己的产品有什么唯一性？能给客户提供什么别人提供不了的好处？这样才能够避开红海价格战的厮杀，独享一块蛋糕。不管是什么产品，记住：有选择，就不值钱。

那么，如何找到你产品的唯一性呢？

人类第一个登上月球的人是美国人阿姆斯特朗，他因此名扬天下。不过，你知道第二个登上月球的人是谁吗？你可能不知道，他是和阿姆斯特同行的另外一个人，叫奥尔德林。

有一次，一个记者问奥尔德林，总是被阿姆斯特朗"登月第一人"的光芒所掩盖，是否感到遗憾。奥尔德林回答说，虽然阿姆斯特朗是"登月第一人"，但回到地球时我最先出太空舱，所以，我是"由别的星球来到地球的第一人"。

如果你的品牌是市场第一，客户认可度就高；如果你在区域做了老大，客户也更容易相信你。问题来了，如果你没有做到老大，并且也不是区域第一，怎么办？如果你说自己是第一，那是在撒谎，在欺骗客户；但是不说第一呢，营销效果就出不来。

这个时候，你就可以借鉴一下奥尔德林的做法，"登月第一人"他是没机会了，如果说自己是"登月第一人"，那是骗人，而"登月第二人"价值又不太高，所以奥尔德林巧妙地换了个框架，角度一改变，从外星球回到地球的人，他就是名副其实的"第一人"了！所以，我们也可以用这招：改变框架，变换或压缩时间、空间、角度。我们可以将框架变小，缩小焦点范围、缩短战线，这时企业的实力就凸显了，我们就可能成为第一了。

具体来说就是：

（1）从时间上切。你在某个阶段是第一，就把它切出来。比如：

"我们是2020年××品牌唯一授权合作商。"
"我们是2019—2021年度唯一增长超过50%的公司。"

（2）从空间上切。你不是大区域的第一，但把空间缩小，你就是某一个区域的第一。比如：

"我们不是全球首创，却是中国首家引进的。"
"我们是××城市首家从北京引进的新模式企业。"

（3）从角度上切。你整体不是第一，但在某个单一产品上换个角度，你就是第一。

"我们不是本地最大的公司，但我保证我们是对你最用心的公司！"
"我虽不是高富帅，但我是追求你的人中，唯一最爱你、最珍惜你的人！"
"玛尔思不是最大的培训公司，却是最适合中小微企业、持续增长最明显的培训机构！"

变一下角度，你总能找到一个框架，在那里边你就是第一。当切到自己是第一的那个框架时，就定格下来，再开始大肆宣传，人们就会有感觉了。因为人的潜意识会把问题一般化，会忽略环境，会忽略前边的框架和前提，你只要带上第一的字样，他就觉得什么你都是第一。打破框架，换一个角度和立场，你就成了第一！

"老干妈"在贵州的农村是几乎家家户户都会做的调味品，精美包装一下，进入了超市，就卖成了中国第一调味品，然后又飞到了美国，不得了，变成了奢侈品！不过，你记住，你切出来的第一一定是能吸引客户、有价值的第一，你不要说："我们是北京通州，唯一一家展厅开在地下室的化妆品公司！"

强调"人无我有"，吸引客户购买

独特的卖点即独特的销售主张，我们所强调的主张必须是竞争对手做不到或无法提供的，必须说出其独特之处，强调"人无我有"的唯一性；同时，所强调的主张必须是强有力的，必须集中在某一个点上，以达到打动、吸引客户购买产品的目的。

独特卖点使我们卓尔不群、与众不同，我们来看独特卖点的五大黄金法则。

1. 具体化

你必须用简单、生动、具体、肯定的语言告诉客户，我们能给他什么具体的好处和结果。

你销售的是什么？写下你认为自己的产品或服务是什么。你的答案可能如"销售化妆品"一般清楚明了，或者你会结合客户的蓝图说："我们是把你，变成你梦想中的样子！"

我们要谨慎地使用像"品质""服务"或者"最佳"这些抽象的字眼，如宣称销售最高品质的家具，听起来感觉言之无物。"品质"究竟是什么意思？是你采用的一种特殊的木材吗？或者是特殊的木器漆？若是这样，你便要说出来。

再如，宣称提供的是"一流服务"，传达的信息也非常含糊，你的服务如何能称为"一流"？是指你接听电话迅速，处理问题迅速，还是24小时内响应？我们需要把这种含糊的词，变成具体的内容。

所以，我们每则广告必须传达有限且明确的信息给客户。明确，是指明确的价值和好处，比如特殊的原材料、降价酬宾、超级赠品、工艺升级等。有限是指你不要一次给客户太多的信息，客户喜欢简单易记的东西，每次突出其中的一两个价值做独特卖点就可以了，别想着面面俱到。

2. 唯一性

我们所强调的主张必须是竞争对手所做不到或无法提供的，必须说出你在产品和服务方面的独特性。

你所销售的东西有何独特性？什么特点使你的产品有别于竞争对手的？你能提供什么东西是竞争对手无法提供的？你的独特性是什么？或者你能做什么事来增加企业的独特性？写下你的答案。

3. 促销性

你所强调的主张必须是强有力的，是无法抗拒的，必须聚焦在某一个点上，以达到打动、鼓励、吸引客户的目的。我们突出

181

的卖点若能给客户一个"限时、限量提供"的因素，便具备了促销性，可以激发客户采取行动的欲望。

4. 引爆性

你所提炼出的独特卖点，必须能立即吸引对方的注意力。不管你用什么形式的宣传，如果你无法当场吸引目标客户，那么你就错过了时机。一个客户决定走近你，还是走近别人，关键就在那么几秒钟，这就是所谓"注意力营销"。

将产品卖点以一句精简又具说服力的文辞表现出来可能得耗费一些心力，但尽可能写下数个脑力激荡下的文辞，数量愈多愈好。然后将它们拼拼凑凑，看看是否能构思一句点出你独特性的文辞，这句文辞便成为你独特销售卖点的开端。

5. 刺激性

你的独特卖点最好能让对方瞬间产生冲动，这主要是从人性的需求和人性中未被满足的需求来考虑的。

在信息社会，我们每天都被各种信息所牵引，但是并不是所有信息都能激发人的注意力。我们要明白，客户购买的不是产品，而是你传递出的印象。独特卖点第一时间在客户心目中留下不可替代的印象。

所以，撰写一句独特的销售标语，你才能脱颖而出，也才能奠立举足轻重的地位。

那么，你如何知道自己的独特卖点是否行得通呢？

曾经有位管理者来征求我的意见，看看他公司的独特卖点是否具有说服力。他告诉我，他的独特卖点为："中国好面膜。"我问了他一个问题："其他公司可以说同样的话吗？"他回答："可以。"我回应说:"显然,你这不叫独特卖点。"所以,先问问自己,你的竞争对手是否也能提出相同的独特卖点,如果他们能轻易做到,那么你的卖点还不够独特。我们要思考,究竟你的服务有何不同之处?你又如何有别于竞争对手?到底你能做什么事,是竞争对手无法做到的?

有时候,管理者本人就可以成为独特卖点。

有一次,我去看一个现房楼盘。售楼小姐一边带我参观,一边说:"你知道吗?在这个区域的楼盘当中,唯有我们老板在加拿大某个高等学府进修了两年的世界顶级园林规划设计。他本身就是这方面的专业人才,其次才是一位房地产商人他有独到和挑剔的眼光,对咱们小区的园林规划有极高的标准,所以才造就了我们这个小区别致的园林绿化完全是世界级水准……"她的话,立即就吸引住了我。

如果独特卖点的销售标语既简练、清晰又直接,那么你便能将它运用在广告上,出现在所有的宣传渠道。如此一来,独特卖点便能时时刻刻铭记在顾客的心里。

ZS 集中所有优势,打造自己的"尖刀"

尖刀又叫匕首,它短小锋利、携带方便,是近距离搏斗的有效武器。"尖刀策略"的思想是,即使我们拥有的资源、条件或者时机尚不成熟完备,也要敢于亮出自己,集中我们的所有优势和强项,不按常规出牌,密集进攻,全力打击敌人的某一点(弱项),追求速度和尽可能大的胜利。

尖刀产品就是指把企业的产品价值突出,就像一把尖刀直接指向消费者内心深处的痛点,直接导致他们采取购买决策。这就好比网商常说的"秒杀顾客"的产品,也就是"爆款""爆点"等。简单来说,如果产品本身很有卖点、很突出、很有价值、很有差异化,整个营销、销售过程会容易得多。同时,尖刀产品又是拦截和打击竞争对手的重要武器。

如何打造尖刀产品呢?我们可以从以下几个方向着手。

1. 单品引爆:集中精力,打造一个特色单品

企业的风生水起通常都以一个大单品的热卖为前提,我们需要先打造一个很有销售力的单品,聚焦所有资源将这个产品做成功,不要盲目去做系列产品,不要去追求"大而全",而要追求"小而精"。

单品突破看似是一步险棋,却是成功率最高的方法,你看"iPhone"推出的很多代都是一个单品,没得选择,却取得了辉煌的成功。

四年前,朋友的美容公司刚开业,面临的是一个强大的竞争对手。这个对手几乎在所有的方面都超过了朋友:他们店面很大,朋友公司只有他的五分之一,并且还没开业,因为店面还没装修好;他们广告很多,知名度很高,朋友的公司没人认识也没投广告;他们人员很多,朋友的公司只有他五分之一的人手……

朋友的公司有什么优势?"唯一的优势是公司很小,尚

未开业,一无所有……"

你会说:"这能叫优势吗?"

这就是优势!很简单,因为那个朋友懂得尖刀策略。

朋友和对方都是做"中医美容"的,可以说产品高度同质化,不过对手的公司也有软肋!他们公司面积大、租金贵、广告多、人员多,综合成本高、价格贵;他们是某集团的直属分公司,分总是职业经理人,权力有限、政策不灵活、决策时间长等,这些都是他们的软肋。

于是朋友推出了专门针对对手的"388基础套餐",并在套餐项目基础上加上五行头疗项目(他们是不含的),并且"教育"客户说:"美容是细致活,不是公司规模大就做得好,而是用心才能做好。正因为我们公司尚未开业,所以我们更用心,今天签单,你们就是公司开业的首批客户……"

这一策略像尖刀一样插入对手软肋,结果大获成功,吸引了大量对手的客户,甚至让很多已经在他们家交付了定金的客户,转投到朋友这里。公司尚未开业,营销就已大获全胜!

当然,突破只是前奏,突破之后是巩固。一个市场从突破到巩固乃至稳固,通常是从单品引爆开始,接着是产品丰富,最后建立产品结构。

单品引爆并不是说我们只做一个单品,而是说我们要选择一个有较大潜力的产品集中力量进行推广,确保这个单品能够成为尖刀产品。以尖刀产品的成功打开市场的一个缺口,从而攻占整个市场。

因此，我们在选择单品引爆的时候必须非常谨慎：

首先，要保证市场没有相同或相似的产品，也就是说，你选择的这款产品必须是市场上缺乏的。

其次，这款产品要符合消费者的潜在需求。如果没有需求，再好的产品也推不出去。

再次，这款产品必须是大众产品。消费群体过小的话，即使将其打造成尖刀产品也很难带动其他产品走进市场。

最后，产品选择好之后，先要进行局部试点，了解消费者的反应。根据消费者的反馈再进行决策，及时调整尖刀产品策略。

2. 阻拦跟进者，丰富产品线

一旦尖刀产品策略获得成功，很快就会成为竞争对手模仿、盗版的对象，如此一来企业整体的竞争力将会丧失。当然，竞争对手的这种做法未必会成功，但一定会对我们的尖刀产品形成干扰。所以，我们要及时跟进，丰富产品线，以尖刀产品带动其他产品的销售，进而建立一个稳固的市场。

一般来说，一个稳固的市场需要我们做到两点：一是对尖刀产品进行有节奏的自我更新，不断升级。二是搭建完善的产品结构，让对手无机可乘。所谓完善的产品结构，就是要根据市场需求，将产品分成低、中、高三个层次。以低端产品分摊成本，打通渠道；以中端产品保证稳定的现金流；以高端产品赢得形象和利润。就如朋友的美容公司，在"388基础套餐"成功之后又推出了"688经典套餐""998奢华套餐"，以及"一口价全家套餐"。这样的组合让竞争者分不清他们的主次，但他们心里很明白什么是核心产品。

3. 尖刀策略，超越竞争者

竞争者可能会模仿我们，我们也可以模仿竞争者。有时，战胜竞争者的办法就是立即把他的优势和强项拿过来。

比如：

完全模仿竞争者的"尖刀产品"，再开发一个独特好处，然后我们来低价倾销，立即让对方的优势变得不值一提……

把竞争对手的尖刀产品变成我的前端让利产品，先把客流吸引过来，把信任建立起来……

要想打败对手，就要把对手最赚钱的20%的产品变成同质化产品，模仿得一模一样，低价甚至赠送，给予对手重创……

总之，一个企业要想在竞争中立于不败之地，就不能长久依赖原先那把"老刀"。只有随时留意市场变化，并且不断打磨、创新，才能持续保持自身的"尖刀"优势不被超越。

不要销售产品，要销售思维模式

一般人的销售思想都是如何卖产品，但是我们需要在客户还没有做出购买决定前，先改变他的思维模式，这样销售就会变得简单。所以永远不要销售产品，而要销售思维模式，思考如何去影响客户的思维模式，让客户明白购买你的产品和服务是唯一合理的选择。做到了这点，成交就容易多了。

有一次我到一个家居卖场去看门,看了某一个品牌打算离开,我说:"我再比较比较吧,再看看别家的……"

这家的销售人员态度很好,说:"好的,没问题先生,不过在你走之前,我可以跟你讲一下好门的五个标准,这样方便你对照和选择。"我欣然同意说:"你说吧!"

结果她就"很客观"地给我讲了好门的五个方面的知识……

之后,我在整个卖场逛了一圈,发现符合这个标准的只有她家的门啊!所以我又回来了……

客户做出购买行为,是客户在思考,在改变自己的思维模式。从认可到决定这个过程需要真正的销售去引导,而不是疯狂地向客户施加压力,要尽量让客户自己得出结论。当销售的影响、教育、引导促成客户的购买行为后,竞争对手就从客户的大脑中抹去了。一个市场领袖不仅仅是通过卖产品来保持市场地位,而且需要主宰整个市场的思维模式,改变人们的购买标准,让客户拥戴产品。

当然传统营销也是这么想的,传统营销的专家也试图改变人们的思维模式,但是他们的做法是用广告狂轰滥炸从而树立"品牌形象",结果很多企业的"子弹"打光了,却还没有产生应有的销售效果。而玛尔思的系列实战课程,很好地解决了这个问题,因为我们几乎全都是一些低成本、低投入甚至"零投入"的改变客户思维模式、倍增企业业绩的策略和方法。

第四章 产品力：培养无法抗拒的品牌魅力

在一个企业家论坛的现场，一个企业管理者问我："朱老师，我的企业遇到一些瓶颈，想上课学习，你说我应该选择什么样的老师呢？"

我说："选择什么样的老师和课程学习，其实没什么绝对的标准，主要是你先要问问自己，你需要的是什么，然后再看看什么样的老师和课程适合你、能真正帮到你。有四个方面的要素你一定要注意：

第一，你学习的对象最好他自己就是成功的企业管理者，而不是那些靠'打鸡血''成功学'炒作包装上位的老师，并且最好他是草根出身，这样他就有经营企业一步一个脚印的成功经验、创业经历和感悟。如果他本身不是一个成功的管理者，或从来都没有成功创业过，他又怎么能够教你如何成为成功的管理者呢？

第二，并非每个成功的管理者都可以做你的老师，有的管理者只是在他的那个框架中，因为合适的时间、空间、机会而成功了，换一个框架未必能够成功，所以他的经验未必能够复制。所以还要看这个老师在自己成功的同时，是不是也协助了很多其他企业获得了成功。

第三，如果这位老师有很多的成功案例，这至少说明在不同的地方、不同的市场、不同的公司，他的策略和方法都是适用的，教练的级别决定选手的表现。

第四，有很多人自己懂，但他无法教给别人，因为培训授课是一个非常专业的工作，不光要有实战的历练，还要有丰富的授课和教练能力。所以，如果他能有做企业的实操经验，又有丰富的授课经验,这样的老师就非常厉害,非常理想了。"

　　我给他列了这四个参考标准,让他回去思考一下。过了两天,他说:"朱老师,我思考了一下,好像符合这个标准的老师只有你呀,你最适合……"

　　我说:"那你可以立即报名……"

　　所以,你在影响客户思维模式的同时,也要让他接受你的购买标准,最终他选择的就只能是你。虽然你没有直接销售,但改变了他的购买标准和选择标准。当然前提是你的购买标准是正确的,是有科学依据的,不能随便忽悠人。

制定定价策略,聚焦目标客户的改变

　　很多管理者的定价是很笨的,比如他认为成本是10块钱,那我要加40%的利润,所以定价应该是14元,这样是极为错误的!还有一些人是完全参照竞争对手的价格来定价,这也是不对的,真正的定价标准应该聚焦在目标客户的改变上。

　　所以,在为我们的"商品(解决方案)"定价时,不要老聚焦在产品本身,出发点应该是如何给客户创造某种改变,这个改变有多大,对潜在客户来说值多少钱。每个人都在买一种状态的改变,所以在设计产品及产品定价的时候,要从这种变化中去思考。产品是客户改变的一种手段,定价要聚焦在客户的整体改变上,聚焦在能够为客户创造的价值上,聚焦在客户的梦想与渴望上,聚焦在如何缩小他现实与梦想的差距上。

是客户的改变，决定了产品的价值和定价，而非你的成本！

你需要考虑的是如何让客户明白，你的产品和竞争对手的产品没有可比性，完全不在同一个层次。这样即使竞争对手低价，也不会对你造成威胁。

通常我们有四种价格策略。

1. 高价策略

在这个世界上永远有那么一群人，他们的钱多得花不完，买什么都挑最贵的，因为他们懒得来分析、比较和判断，又或者他们时间宝贵，所以价格就是他们唯一的判断标准。况且，只有高价才配得上他们的身份，甚至你卖便宜了他们反而不买了，因为他买高价的产品就是为了高品质以及标榜身份。

那如何塑造高价—高价值商品呢？

（1）先提高价值。

想让你的商品是世界上独一无二、无可替换的，你就要考虑这些问题的答案。

你所提供的服务质量是否无可替代？

你所提供的感受是否无可替代？

你所提供的顾客至上的态度是否无可替代？

你所提供的关心客户的态度是否无可替代？

你所提供的持续性是否无可替代？

（2）先销售价值再谈价格。

在整个营销及销售过程中，不要仅仅就产品谈产品，而要从影响和改变客户思维着手，到制造痛苦，到描绘梦想，再到"价值塑造"呈现产品，让客户对"价值"有整体的感知。

(3) 要销售"高价商品",必先成为"高价消费者"。

我们很难想象,一个骑电动车的人能卖出去数百万元的豪华汽车,一个迷恋地摊货的人能卖出数万元的奢侈品。比如,有很多人喜欢买盗版,有的人只喜欢这里、那里弄点免费的或廉价的东西,这样的人可能永远做不了大生意。因为,如果你从未购买过高价值的商品和服务,那你也别奢望自己能够卖掉它们。因为一个高价值的商品从产品营销、企业运营到客户决策和低价值的商品是完全不一样的,如果你只有买最便宜、最经济、最实惠产品的心理准备,对高价值人群的购买心理、反应流程和消费习惯不了解,你就别指望卖出高价值的产品。

我是从农村出来的人,过去父母都教育我花钱要数着花。不过现在我的这个思想有了巨大的改变。因为玛尔思也有高价的课程,我要让这个"高价商品"销售好,自己就要先成为高价商品的消费者。

所以从几年前开始,我用很多东西时也选择那些价格贵一些的、有品质的,并且几乎不愿和别人讨价还价了,故意为卖家留出"空间"。这样做几乎每次都有超好的购买体验,形同他们的"座上宾",还节约了我很多时间和精力,于是我便可以迅速投入手头的工作,赚更多的钱。有时,我会告诉卖衣服的小妹"不用找零了",于是她总是在新款到货时第一时间打电话给我,还给我送很多赠品。

我只是少说了几句话,多花了一点点钱,便似乎拥有了整个世界，何乐而不为呢？只有不断购买高价商品，你才能够进入有钱人的世界，了解他们的购买心理。要想成为天才的营销和管理者，必须先成为天才的客户，如果你没有买过最贵的产品又怎么能够卖出天价的产品呢？

2. 低价策略

永远有一个巨大的市场群体就喜欢低价、便宜。我们可以拿出某个单品，设定比较低的价格，以降低客户进入门槛，率先接近消费者，刺激需求达成交易，快速撬动市场赢得客户。

这个策略适合高度同质化、存在代用品、竞争激烈、销量大、市场寿命周期长的产品。产品需求的价格弹性大，客户在价格感受方面比较敏感，低价可以刺激需求快速赢得客户，同时也打压了竞争对手。采用这种策略我们可以通过增加需求、扩大产销量、降低成本的方式，来保障利润。有时，我们甚至要放弃某个单品的利润，这样做的前提是我们后端有其他盈利点。

例如很多电商网站爆出"一元"购买洗发水、"一元"购买化妆品，装修公司推出"一元"购木地板、"一元"购环保墙漆，这么做都是为了引发后端套装产品的销售。

低价策略的风险主要有两个：一是如果市场销量未达目的，不但不能获利，而且可能亏损；二是可能影响商品的形象，因为价格低廉，用户可能因为"便宜货"而对其功能及质量产生怀疑。所以，我们务必向市场和客户解释清楚"低价"的原因。

当然，如果我们在低价的同时还能提高产品价值，增加独特的附加价值，比如提升服务或增加其他卖点，这样将赢得更多的客户，对竞争对手也更有杀伤力。

3. 涨价策略

涨价策略不光是涨价，更是让你如何从"中低价"的形象，过渡到"超高价位"的形象。这里有四个步骤，你需要严格执行：

第一步：提价前的准备

要做产品创新或者产品改进，增加、优化更多的卖点，让客户意识到我们的价值确实提高了，并且通过营销活动有效地对产品进行全新的"价值塑造"，让客户能感受和清楚地认知。

第二步：提价预告

在你准备妥当后，要把提价的信息预先告知市场和潜在客户，包括提价时间和提价原因。提价的原因一定要作好充分的解释，解释的重点放在提价是因为价值有了极大的提高，最好让客户了解，我们增加了十倍的价值，才涨了一倍的价格，而不要过多去强调原材料、成本的涨价。因为客户会觉得，这和他没有关系，并且这也不利于产品价值的提升。同时，我们要在提价前给予老客户特别的优惠，这样老客户会觉得你在关怀他，从而可以避免老客户流失。不过，我们还要告诉老客户，优惠是有时间或数量限制的，这样可以引发老客户的紧迫感，让他快速购买。

第三步：提价执行

提价之后，为了让客户能轻松地接受，而不是反感和拒绝，我们可以额外提供一个超级赠品。赠品的价值最好超过了提价的幅度，这样提价就不会有太大的阻力，新客户也欣然接受。或者是提供一个特别的服务，作用是一样的。在这里，也可以加上时间和数量的紧迫感，让新价格成交更多，促进提价的成功。

第四步：提价之后

提价之后，随着客户对新价格慢慢认同，渐渐就聚焦在新价值新价格上，而不是赠品上，所以我们将逐渐去掉赠品。在这里，为了强化我们的产品价值，我们要不断分享新客户的成功案例，让潜在客户知道，别的客户虽然付出更高的价格，但他们得到了更多的价值、更好的服务，这样客户就在心理上慢慢接受了新的价格定位。

在实际操作中，一个低价产品需要经历多个四步循环，才能成为"超高价"的定位形象。

作为中小企业，如果你现在没有任何市场影响力，公司也是苦心经营，没有任何自由感，或者你多年没能突破，那么我强烈建议你认真思考这四步策略，然后毫不犹豫地去执行。一旦你做到了，就能享受竞争的乐趣、赚钱的乐趣、生活的乐趣。那时，我相信你会非常感激我，你终于找到了你理想的生活方式，让你的公司、你的赚钱系统为生活服务，而不是让你的生活为赚钱服务。

4. 降价策略

降价策略，要快、准、狠，同行业第一个降价，一次降到底，瞬间引发价格战，让对手措手不及。不过在打价格战前，我们要分析好企业"成本链"，降低了成本，才有打价格战的资本，或者我们是"醉翁之意不在酒"，可以用这个降价的单品，来撬动后端其他产品的销售。

世界上最经典的降价策略案例，发生在一个世纪之前。当第一辆福特T型车的推出令千百万美国人着迷时，亨利·福特并不满意，他说："汽车应该价格低廉，这样才能使收入不高的人负担得起。"于是，他发明了流水线作业方式，使得T型车的价格从850美元一下子降到了260美元，从此，数百万美国家庭拥有了第一辆汽车，福特汽车因此持续处于美国汽车产业开创性的龙头地位。

降价策略，首先要厘清我们降价的目的，是长期策略，还是偶尔促销之举。如果是长期策略，那应当是我们已经有了产品线的配合，通过某产品降价带来人气和客户量的提升，促进其他高利润产品的销售；如果是短期促销行为，则应该在这之前，已经有了大量潜在客户的储备，只等价格一降，销量飙升。同时，我们必须做好降价原因的解释，为降价找个理由和噱头，这样可以减少降价带来的风险，避免客户误以为是我们的产品有问题才降价。

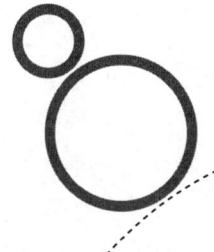

第五章 营销之道：实现业绩增长的终极手段

管理学大师彼得·杜拉克曾经说过："一个企业只有营销和创新是收入，其他都是成本。"市场经济的核心就是"交换"，巨额财富不是工厂生产出来的，而是通过营销得到的。也许你在打磨产品上花费了很多的精力和资金，但倘若你不懂营销，再好的产品也只能变成一堆库存。营销是企业业绩倍增和发展的核心手段，不懂营销你就只能和竞争对手比价格，只会走向痛苦和绝境，走向绝望。

打通销售流程，让赚钱机器自动运转

营销，是一个神奇而充满激情的世界。我们可以把营销的过程打造成一台"赚钱系统"，就像按照一定流程、会自动运转的机器。这个流程和机器能够把一个对你没有任何信任感的客户，从不了解你慢慢发展到了解你、认可你的价值理念、思维模式、购买标准，然后从尝试第一次购买到不断地购买，最后变成你的粉丝。

这是一个非常重要的流程，一旦打造出来，营销和客户的问题就能迎刃而解，企业自动赚钱也变成了可能。在这里，我们先来明确这几个重要的概念。

1. 吸粉

吸粉，就是通过产品的消费群体定位，找到我们的潜在客户，而到别人的鱼塘里去吸粉是最容易的方式。

试想一下，我们的每一个客户都不可能生活在真空中。他一定有很多的需求，他有自己的梦想，他需要购买很多的产品和服务。如果他购买的产品和我们的产品之间有足够的关联，就表明他就是我们的潜在客户。

"鱼塘理论"就是假定我们想要的每一条鱼、每一个潜在客户，已经在别人"鱼塘"里了。那么"鱼塘"越多就表示我们的潜在客户越多，所以我们抓鱼就要到鱼多的"鱼塘"去。

吸粉，必须要能抓到潜在客户的联系方式，比如姓名、邮箱、微信号、QQ 号等，这才是有价值的吸粉。

2. 成交

营销活动的灵魂是成交，所有的营销、宣传都是围绕着成交在进行。在我们切入任何一个市场的时候，前期做的所有工作都是为了赢得客户、为了成交。所以我们从一开始就要思考，怎么优化商业模式和业务流程，怎么把营销过程系统化、自动化，让你在度假、出差的时候，依然能够自动成交客户。

当你的公司被打造成一台全自动"赚钱系统"的时候，你才能真正解放，即使你不在公司也能赚钱，"业绩倍增、身心自由"也成为可能。

很多企业的管理者，他们虽然把宣传、活动、物料准备得相当充足，同时邀请了很多人，气氛搞得热热闹闹，但是却忘记了成交环节，那么结果是价值并没有体现出来，造成了人力、物力和财力的巨大浪费。

所以，第一次成交是至关重要的，一旦成交他就是我们的客户，后期我们才能展开一系列的工作。如果没有第一次的成交，他永远是潜在客户，并没有进入我们的服务流程，可能长时间后我们就失去了这部分潜在客户。

3. 追售

即使完成了"吸粉"，实现了第一次的成交，你也不一定得到客户的信任。客户还会通过一系列步骤去观察、去判断你能不能帮他实现梦想。

客户的购买力不可能在第一次成交的时候达到最大化，第一次成交只是他的一次试水，你的成功也刚刚开始。这个时候如果你没能继续追踪，产品和服务也没跟上，你将失去一个"忠实的粉丝"。

前期的"吸粉""成交"只是你1%的收获,"追售"可以帮助你完成剩余99%的收获。同时,"追售"相比较"吸粉""成交"的成本更低,收益却更大。所以,学会追售是我们成交后的必要工作。

我们之前讲过,客户梦想的实现需要一个过程。其实追售就是不断帮助客户、不断给客户创造价值、不断协助客户跨越里程碑的过程,同时更是给企业不断创造利润的过程。

借塘打鱼,选对"鱼塘"很重要

对于企业来说,吸粉就相当于到别人鱼塘抓鱼,鱼就在那里,你不去抓,就无法找到潜在客户。吸粉是企业最重要的营销手段,不仅要到别人鱼塘里抓,还要在有更多鱼的鱼塘里抓,因为,客户聚集的关键"节点"就是鱼塘。

任何一个系统里都有一个影响力最大、信赖感最强的人。很多时候只需要搞定一个人,就能搞定一个圈子,我们把这个人叫作"塘主",比如商会会长、协会会长、小区物管、QQ群主等。

1. 鱼塘的发现

如果你是做装修公司的,"鱼塘"在哪里?毫无疑问,是在上游房地产公司那里,找到他们就能获得大量的潜在客户。如果你是做保健品的,"鱼塘"在哪里?在小区晨练的队伍中,在销售其他保健品的商家那里。

你去跟踪几个典型的潜在客户,就会发现这些人可能会倾向于购买某类产品或服务。那对于你来说,提供这类产品或者服务的公司就是你的"鱼塘",他们所有的客户都可能是你的潜在客户。

所以,要发现"鱼塘",就要走进目标客户的生活,然后观察除了可能购买你的产品之外,他还在购买别的什么产品或服务。也许有些产品是他在使用你的产品之前必须用的,有些产品是他在使用你的产品的同时必须用的,有的产品是他在使用你的产品之后必须用的……那么,这些产品的提供商都是你的"鱼塘"。

当锁定了"鱼塘"之后,我们也就找到了合作伙伴:他们也许是"前行者",也许是"后行者",或者是"同行者",或者是"替代者"。

其中,"前行者"是指在你为一个客户提供服务之前,而服务这个客户的企业;"后行者"则是在你提供服务之后,再次为客户提供服务的企业;"同行者"是指与你同时为客户提供服务的企业。比如说,房地产公司就是装修公司客户的前行者,卖瓷砖的就是卖地板、卖洁具的同行者。而"替代者"是指如果客户不用你的产品,而用了别人的产品,别人就是你的替代者。

很多人都有这样的概念,好像客户买了别人的产品,就不会再买你的产品了,上了你的课之后就不会再上我的课了,其实未必。

客户对产品的需求是不会停止的,即使是同一种产品,客户也会愿意从不同的公司那里购买,因为服务和购买体验不同。而对于不同的产品,客户在购买了其他公司的产品之后,为了配合这个产品的使用或出于其他原因,更加会购买别家公司的产品。因此,客户选择了其他公司的产品,并不代表不会再购买你的产品。有时,这并不是一种替代关系,而是互补的关系。

因此,找到"鱼塘"才是关键。通过吸粉让客户了解我们的企业,才有机会选择我们企业的产品或服务。这时,我们也可以通过给客户提供一系列的优质产品或服务来赢得客户的满意,使之成为我们的长期客户。

2. 鱼塘的选择

要找到合适的"鱼塘",首先就要了解我们需要什么样的客户,这样才能有目标地去寻找。例如,我们是一家销售体育用品的企业,我们到另一家做游戏软件的"鱼塘"去抓鱼,所抓的鱼会购买我们产品的概率就不能保证,白白浪费许多时间。而且,每个"鱼塘"的规模不同,鱼的质量也不同,这就需要企业认真甄别,方能选择合适的"鱼塘"。我们可以通过这几个方面来对"鱼塘"进行鉴别:

(1)查看"塘主"的信誉如何。

每一个"鱼塘"都会有一个"塘主",就像 QQ 群的群主一样,是这些鱼的意见领袖。当我们无法判断这个"鱼塘"里的鱼的质量时,查看塘主的信誉度,就可以准确进行判断了。

这个信誉度是客户给予的,如果发现一些客户对塘主给出的建议很排斥,或根本不愿搭理他,就表明这个塘主的信誉度很低,不应相信他的推荐,对于这个"鱼塘"的鱼也应谨慎选择。

(2)了解鱼塘的购买历史和合作模式。

"鱼塘"里客户的购买历史和"鱼塘"愿意采用哪种合作模式,都对我们有重要作用。通过了解客户的购买历史,我们可以了解这些客户对哪些产品比较感兴趣,购买的金额是多少等。

另外，了解这个"鱼塘"愿意采用哪种合作模式，我们是否可以通过这些方式以最小的成本获取最大的收益。并且，要尽量与塘主协商，采用多种合作模式，对我们公司的宣传、销售等都有很好的促进作用。

（3）了解合作成本和塘主之前的合作历史。

合作成本的多少直接影响公司的收益，不仅是资金上的投入，还包括人力、时间成本等，都需要作一个整体的评估。了解了合作成本之后，才能决定是否要合作，如果所预估的结果是亏本，那就没有合作的必要了。

另外，了解塘主之前与其他公司的合作历史，可以判断与这个塘主的合作有哪些优势与劣势，尤其是看他是否与我们的竞争对手合作过，我们从中可以看出这次合作是利大于弊，还是弊大于利，从而准确判断是否要与他合作。

加注"润滑油"，让销售流程更顺滑

从"吸粉""成交"到"追销"，营销要遵循一定的流程，就像"滑梯"一样，当我们把大量的潜在客户送到"滑梯"顶端的时候，这些客户能在整个流程中自然滑行。他们遇到的阻碍越小，我们的销售流程——赚钱系统就越能自动运转。

所以我们要用"全流程"的眼光来看"营销"，要打通整个销售流程，让它不需要太多的人工干涉，像机器一样自动化运转，这样我们赚钱就轻松自如多了。"平滑"的流程，是"赚钱系统"保持畅通的关键。

这里所说的"系统"不是指计算机系统，而是指一套可以复制的营销或销售流程。我们把这些工作流程标准化、系统化，运行中需要的人员都应该能被培训和复制，而不是一些无法复制的特殊人才、能人、超人，更不应该是管理者自己。只有这样，我们的业绩才能倍增。所以我们需要多使用线上销售的方式，因为网络可以 24 小时不间断地运作，而且网络流程可以自动化。

这就相当于是为赚钱系统加注润滑油，让我们的销售流程更加平滑、更加顺畅，有力地向前推进。

1. 降低前端门槛

降低客户进入的门槛，降低初次成交的金额，让客户更容易进入到流程，未来我们才会有更多的赚钱机会。我们可以使用低价策略，或者是降价策略，或者是免费策略，来吸引客户进入，第一次的成交远比成交金额本身更重要！比如，很多化妆品的试用装、小额的体验装、提高赠品价值、提高零风险承诺，目的都是降低前端门槛。

2. 牺牲首次成交的利润

为了降低门槛，我们甚至可以牺牲首次成交的利润，无偿让利给客户。如果你第一次就急于成交大单，可能会失去很多客户。

3. 增加广告投入

广告是一个很重要的杠杆，寻找一些优质的"鱼塘"或是广告平台，增加吸粉的数量和提高效率，也是一个有效的做法。

4. 提高合作者的分成比例

为了放大前端"吸粉"效果，吸纳更多的客户进入我们的销售流程，我们可以对合作者进行激励，甚至可以把前端所有的收入给予合作者，或者是给予他更高比例的分成。

5. 提高销售人员的佣金比例

获取一个新客户，比维持一个老客户的成本更高，所以在获取新客户的时候，我们可以提高销售人员这部分佣金比例。

6. 提高老客户转介绍的奖赏额度

给予老客户物质或其他奖励等，通过他们的口碑吸引更多的新客户，这是一个很好的做法。

7. 促成新的合作者进入

我们可以发展代理商、分销商，增加新的合作者，更广泛地"吸粉"。比如装修公司以前只是和房地产公司合作，现在还可以和房产中介、旧小区的物业合作。

8. 捆绑合作者的产品

可以将产品与合作者的产品捆绑到一起进行销售，这样就可以联合吸粉、联合广告宣传、联合促销，共享客户，像O2O网站、团购网站本质就是这样一种模式。

9. 提高后端产品的价格

如果有超高价、高品质的后端产品，可以用前端的低价来撬动后端产品的销售，在后端获取更多的利润。

10. 外包吸粉甚至外包成交

在这样一个专业化分工的年代，有一些做线上销售非常厉害的团队，可以把"吸粉"外包给他们。或者可以找到那些有资源、有信誉的公司，让他们负责"吸粉"，甚至连首次成交的工作也可以外包给他们。如果有更适合做这件事的人，我们就不需要自己来做，能够节省大量的精力。

第五章 营销之道：实现业绩增长的终极手段

以上策略要结合行业来具体使用，当然操作的本质不变。通过这些策略，赚钱系统会变成一个滑梯系统，更加自如顺畅地运转，真正变成自动化的赚钱系统，企业就能更有力地持续增长。

放大"漏斗口"，网入更多潜在客户

我们的赚钱系统是这样的：一开始我们有很多的"潜在客户"，然后有一部分潜在客户了解了我们，成为"知情客户"，他们中有一些人可能尝试购买，我们便成交了一小部分客户；然后通过培养跟进，"知情客户"变成了"信任客户"，他们逐步信任了我们，在这里又成交了一部分；然后我们继续服务跟踪，"信任客户"变成了"忠实客户"或者"VIP 客户"，又产生了购买。

从初次接触客户到最终成交这个过程像一个漏斗，上面的入口宽，下边逐步收窄，能持续进入下一个流程的人数在变少。我们在逐步甄别客户，然后放弃一部分没有兴趣或无效的客户，其余有质量的客户逐步进入下一个环节。网络营销同样如此，从展现量—点击量—访问量—咨询量—订单量，一级级数量逐步减少，形似一个漏斗。

在这里，如果我们想让漏斗的底端变大，也就是想让最终的成交额放大，就必须依赖两个因素：一个是提高客户进入下一个流程的转化率，减少客户的阻力；而另一个就是我们要千方百计地加大漏斗上部"漏斗口"的大小，也就是想办法让更多的潜在客户进入"漏斗口"。

在这里，我们总结了十个可以放大"漏斗口"的方法。

（1）免费广告。

撰写和制作一些对客户有价值、有知识含量或者有具体操作方法的文章、教材等，如围棋学校通过免费赠送围棋教程，来招收围棋面授班的学员。

（2）免费录音。

赠送一些对潜在客户有价值的录音资料，甚至可以开办专门的网络电台，比如由我亲自录制的玛尔思"总裁课堂"网络电台。

（3）免费录像。

拍摄制作一些对潜在客户有启发，同时传递我们的理念和价值的视频，比如我的微信公众平台上有"坤福之道"系列免费学习视频等。

（4）免费学习。

如一些机构可以免费学英语，但教材需要购买；可以免费学游泳，但要购买泳具。

（5）免费评估。

如健身房免费做体测，美容院免费做皮肤检查，安保公司对小区安全作免费评估等。

（6）免费咨询。

如家装设计师、保健医生、律师作免费咨询等，用这样的方式吸引客户。

（7）免费抽奖。

留下联系方式可以免费抽奖，各个消费场所都能使用。

（8）免费赠送。

直接拿出一批产品来免费送。

(9) 免费试用。

专门制作试用装、体验装等。

(10) 支付手续续费。

产品或服务本身不收费，仅收快递费、包装费、安装费、工本费等。

每个企业都应该有这样免费提供的吸粉产品，所以你应该多多使用。之后一旦我们能帮客户分析出新的问题和需求，就有了进一步销售的机会。通过免费的方式吸引更多客户进入"漏斗口"，才有更多的客户进入成交系统，才能提升业绩。

营销不是"卖产品"，而是"卖信任"

客户为什么会购买？只有两个原因，第一是因为信任你；第二是因为他感受到了价值。信任是成交的第一货币，没有信任就没有成交。

如何把一个陌生人跟你之间的信任关系从零变成一百，这是前端要解决的问题。信任是需要一个不断培养的过程，首先在吸粉的时候借用嫁接了"塘主"的信任，然后把这个信任慢慢放大。

我们要思考："如何做才能帮客户在付钱之前，就完全或部分体验到你产品和服务的效果？"有了这种体验，"成交"会变得自然而然。而在一段时间之后，总会有一些人不停地进入我们的赚钱系统，这样就会形成一个全自动的模式。我们不断地给予，然后有一批人不断地成交，你的赚钱系统会不停地运转，成交也在不停地推进，你的事业也就越做越大了。

成交之后，是不是这个过程就停止了呢？

答案是否定的，成交之后还要进行追销，才能促进更多的成交，从而为企业带来更多的收益。并且，当客户购买了我们的产品之后，会对我们产生最初的一点信任，如果我们能及时给他提供更多他需要的产品或服务，就很容易让他对我们公司产生更深的信任，会发展成为长期客户。

这同时也在告诉我们，一定要谨慎对待客户的第一次购买经历，一定要让他觉得物超所值，他才有可能变成回头客。在客户的每一次购买经历中，都为他提供越来越好的购买体验，无论是价格的低廉，还是服务的周到等，都会加深他对公司的信任感。通过不断的追销，逐渐将其培养成长期客户。

做销售永远不要只盯着眼前的利益，要将目光放长远，不要妄想在一次交易中就赚得盆满钵满。只有让客户觉得自己占便宜了，才能促成下一次、下下次的成交。这样循环往复，赢得了客户的信任，才能赚得更多。

以前开"绝对成交"课程的时候，有不少学员初次和我们接触，都充满了怀疑，有的还要查看我们的公司执照，很不信任。这时我们做了很多事情，给客户提供了很多证明，特别是大量的学员见证，建立了我们之间的信任。

当他第一次有机会参加现场课程之后，感受到了我们的价值，知道我们是真实的，是超所值的，之后他报名参加其他课程，做决定就很快了，因为他知道我们可以给他带来价值。

第五章 营销之道：实现业绩增长的终极手段

所以我们要履行对客户的承诺，不要辜负他们对我们的信任，才会赢得更多的信任。

我们需要进入客户的状态，去感受他们的世界。问题是怎么样在很短的时间内，让客户感受到我们的价值，相信我们确实能够帮助到他呢？

方法就是不断地给予。我们的QQ空间有大量成功案例，还有很多成功学员的访谈，有时我还会写一些企业运营、营销、老板修炼方面的感悟，发布在QQ空间日志里。当看到这些之后，即使他们暂时没有购买我们的产品，也会感受到我们的价值，然后进入我们的营销系统。接着我就可以持续地为他提供价值，直到他来参加我们的现场课程，这就是我的给予。

事实上，有不少学员在来上课之前，就因为接触了我们的理念和思维，看了很多的成功案例，而让他突破了思维的局限，接着使用了一些策略，业绩便有了明显的提升，企业的运营也有了非常好的改善。接下去如果他想取得更好的效果，他便会想到报名参加我们的现场实战课程。

每个客户的接受能力和决策能力都有所不同，也就导致了他们来参加培训课程的时间不一样。因此，不要妄图一次性将所有的客户"搞定"，要给他们预留足够的时间去消化、理解，等到他们意识到我们的价值时，自然就会成交。

要学会站在客户的角度上进行思考，才能赢得更多的客户支持。每个人都不喜欢被逼迫，这是人性的共同点，抓住这个特点进行营销,才能促成更多的成交。

在获取信任、贡献价值的过程中有三个方面非常重要,即:视觉、听觉、感觉。在人际交往沟通中,每个人总是通过这三个渠道来接收信息,同时判断信息是否可信。所以我们在传递信息的时候,就要有意识地通过这三个渠道来传递信任。而由于受环境、背景及先天条件影响,很多人都会特别偏重使用其中某一类感官要素,来作为头脑接收处理信息的主要渠道。所以,无论是什么样的沟通环境,都要充分发挥这三方面的信息作用。

在传统营销中,我们面对面和客户沟通,可以根据客户的类型来灵活调整自己的沟通方式。而在网络时代,更多的沟通可能在网上进行,通过网络广告或者文案、视频媒体、电子书等来和潜在客户沟通,同样需要分别加强这三方面的信息沟通。

(1) 视觉渠道。

比如可以制作漂亮的产品、原材料、生产过程的图片以及客户使用产品前后的对比图片等,加上文字介绍,制成电子书发给客户了解;还可以制作视频宣传片、微电影等可以"观看"的媒体来做宣传,满足受众"看"的需求。

(2) 听觉渠道。

引导他们多听相信的人怎么说。我们可以把我们的理念、对客户有价值的信息、产品的介绍等制作成自己的网络电台音频节目,迎合喜欢"听"的受众。

(3) 感觉渠道。

我们可以制作体验装产品,让客户亲身体验。同时,无论在网络文案，还是在视频、音频载体中，我们不仅仅是直白的介绍，更要加上自己的感受和体会，或者再加上一些老客户的分享，可以更好地引发潜在客户的共鸣。

和客户建立信任的过程，就是有意识地通过这三个渠道，先提供价值，获取客户的信任，信任是成交的第一货币；而成交的第二货币就是价值，必须让客户深切感受到价值。

FABE销售：卖点与需求点间的桥梁

我家附近最热闹的一条街开了三家汽车维修店，每家店都很不错，竞争格外激烈。有一天，其中一家汽车维修店挂出了"修车技术享誉全国"的条幅，紧接着第二家店便挂出了另外一个条幅——"修车技术享誉中外"。

整条街的人们都在议论纷纷，猜想第三家店会挂出什么样的条幅，结果第三家店的老板居然挂出了"修车技术，整条街的人都知道"。然而，令大家没想到的是，第三家店的生意最好，甚至超过了另外两家店销量的总和。

我们之前讲过，客户之所以购买，是因为他感受到价值并且相信，那如何让客户相信呢？从上面的故事中我们可以看出，另外两家店都在极力证明自己的修车技术有多好，但是却忘了如何让客户相信，也忽略了自己的客户群。第三家店的老板就很聪明，他看准了自己店铺的客户群主要在这条街，并且不夸大其词，所说的话让客户觉得够真实，从而获得了客户的信任，他的生意也就变得非常好了。

很多时候，客户愿意为一个产品或服务买单，不是觉得它值这么多钱，而是他们相信我们的产品值钱。例如，肯德基卖的豆浆和饮料等都比外面小摊上要贵很多，其实所用的原料都是一样，但是却仍然有很多客户喜欢在肯德基购买，就是因为客户相信肯德基的产品值这么多钱。

因此，如何获得客户的信任，才是企业应该注重的问题。总的原则是客户相信什么，我们就用什么证明给他看。

不同的客户有不同的购买价值观，有的人相信第一，有的人相信产地，有的人相信专业，有的人相信历史悠久，有的人相信最新，有的人相信最贵，有的人相信工艺复杂等。客户相信什么，我们就提供相关的证据，来证明这是真的。

在沟通当中，FABE销售法是让客户相信的重要技巧，非常具体也容易操作。

1. 什么是FABE销售法

F代表特征（Features）：指产品的产地、原材料、工艺、生产技术等最基本的特质、特性以及差异点。

A代表优点（Advantages）：就是F所列的商品特性所具有的优点。也就是说，你所列的商品特征（F）究竟发挥了什么功能，对使用者有什么好处。

B代表利益（Benefits）：就是A部分中商品的优势最终能带给顾客的好处。

E代表证据（Evidence）：就是针对FAB拿出相应的证据，包括权威技术报告、认证证书、客户见证、媒体报道、照片、视频音频或是现场演示等,所有材料都要真实、客观。

简单来说,FABE 就是从顾客的兴趣点出发,再逐步向客户介绍产品的全部信息,最重要的是要拿出足够的证据让客户相信,这样就能让客户产生购买的冲动。

2. 客户心中的六个问题

每个客户心中都有很多问题,有些问题他却没有明确说出来,还有些问题只存在他的潜意识中,并不明确,更无法说出来。但是,你必须对这些问题做出回答,否则就可能失掉这笔生意。

FABE 销售法就是为了解决客户未说出口的问题,同时让客户相信。

- "我为什么要听你讲?"——所以我们一开始就要吸引住客户。
- "这是什么?"——我们应该从产品优点方面进行解释。
- "那又怎么样?"——需要解释这些优势带给客户的利益,而且要使用他熟悉的用语。
- "对我有什么好处?"——人们购买是为了得到好处。
- "谁这样说的?还有谁买过?"——要打消客户心中的疑虑,要拿出证据和客户见证。

我们回答了以上 5 个问题,才能赢得顾客的心。

3. FABE 句式

我们针对不同顾客,把最符合的商品利益第一时间向顾客推介,这是最关键的。标准句式是:"因为(特点)……从而有(功能)……对您而言(好处)……你看(证据)……"

● 特征（F）："因为……"描述商品的款式、产地、原材料、工艺、生产技术、配置等。这是可以看到的事实状态，回答了"它是什么"。

● 功能（A）："从而有……"解释了特点所体现出的功能。这可能是无形的，需要进行解释，回答了"它能做到什么"。

● 好处（B）："对你而言，可以……"功能最终带给客户的好处是无形的：自豪感、自尊感、成就、满足等，回答了"它能为客户带来什么好处"。

● 证据（E）："你看……"向顾客证实你所讲的好处。证据是有形的、可见的、可信的，回答了"怎么证明你讲的是真的"。

4. FABE 演示案例

（1）介绍"沙发"

"先生，你可以看一下。"

（特点）"我们这款沙发是真皮的。"——真皮是沙发的属性，是一个客观现实。

（优势）"先生您坐上试试，它非常柔软。"——柔软是真皮的某项作用。

（利益）"您坐上去是不是比较舒服？"——舒服是带给顾客的利益。

（证据）"今天上午有位先生，就是因为喜欢这一点，买了这款沙发，您看（拿过销售记录），这是销售的档案。"——这里采用的是顾客证据，对顾客的购买心理有很大的影响。

第五章 营销之道：实现业绩增长的终极手段

（2）介绍"硅藻泥"

（特点）："硅藻是一种生活在海洋、湖泊中的藻类，硅藻泥的主要原料是历经亿万年形成的硅藻矿物——硅藻土。这种物质纯天然无污染，孔隙率达90%以上，拥有特殊的分子筛结构。"——硅藻泥的属性，是一个客观现实。

（优势）："正是硅藻泥这种特殊的分子筛结构，决定了它极强的物理吸附能力和离子交换性能，能有效分解甲醛、苯、氡气等有害致癌物质，并缓慢持续释放负氧离子。"——这种物质的作用原理、所具有的功能。

（利益）"所以，选用这种材料，可以非常好地去除甲醛等装修污染，让你拥有一个清新的居家环境，让家人更健康！"——功能带给我们的好处。

（证据）："你看，这是国家的权威检测证明……今天上午有位怀孕的女士，她就指定要用这个，你看这是她的订单……"——拿出证据。

需要强调的是，在使用这个方法的时候，我们最终推演出的"利益"，一定要和客户的"买点"、梦想、蓝图相匹配和吻合，这样客户才会觉得这个产品就是他想要的。同时，如果我们能从更多的角度推演出多组"FABE"，则相当于从各个角度极大塑造了产品和服务的价值。

FABE销售法为我们的卖点和客户需求点（买点）之间架起一座桥梁，这样我们便能针对客户的需求，进行简洁、专业、可复制的产品介绍，极大增强说服力和可信度。

以标题吸引眼球，用文案俘获人心

在这个资讯发达的年代，注意力是稀缺的资源，谁能夺人眼球，谁就能拥有财富，所以才叫眼球"经济"。

而无论是线上线下，文案、文字都越来越成为和客户沟通的最核心手段，掌握并优化这个手段能让广告传播效果倍增，自然吸粉效率更高了。

其中，文案的标题占到成功因素的80%。因为一个人在最初的五秒钟里决定是去还是留，如果标题不能够吸引他的注意力，他很快就走了，文案写得再好也没用。标题的作用就是在五秒钟内告诉他，你最好留下来，这里能让你得到想要的价值。

正所谓"标题定天下"，标题是文案的"文案"，是广告的"广告"。所以我们要研究使用"勾魂夺魄"的标题，吸引人的眼球。

那么，如何创作具有"催眠般"的好标题呢？

1. 用"数字"讲故事

比如：把"祖传秘方，专治青春痘"，修改为"是什么秘方帮助被小痘痘折磨三年的女孩在两周恢复靓丽容颜？""性价比最高的四级净水器，优惠价99元"，可以改成"你也可以像它一样，两个小时清除饮用水里的5大致癌毒素"！

数字是帮助构建故事真实性的基础，好标题就是要通过数字建立真实性，通过制造"悬念"提升好奇心。

2. 问"还有谁"之类的问题

激发人的比较、从众心理，比如："还有谁，想通过三天的时间，让你的业绩翻三番？""还有谁，想成为业绩倍增、客户尊重、同行羡慕、身心自由的企业所有者？"

3. 警告性的标题

比如："警告：全城停止装修！""金融海啸，正在蚕食你的财富！""雾霾天气，让呼吸系统疾病发作率提高了90%！""企业失败的原因——99%企业管理者的运营和赚钱思维都是错的！"

4. "如何"之类的问题

比如："新手司机，如何能100%停车入位的旷世绝学！""如何仅用一个易拉罐，5分钟制作一个Wi-Fi信号增强器？""关羽和张飞的功夫，究竟是如何学的？""如何让你的演讲既能让人听得兴奋，又能引发他们踊跃行动？"

5. 揭露"秘密"之类的话题

"爆料！苹果CEO库克出柜前不为人知的秘密……""震惊！地下钱庄不为人知的秘密！""营销魔术竟然可以这样玩！"

6. 给出"原因"之类的主题

"三大原因，你不应该为企业请律师！""五大原因，导致曾经辉煌的企业失败！""六大原因，你参加的培训课程毫无价值！"

以上和你分享的是能抢人眼球的标题，接下来我们看看文案。

每一个浏览者，都有四大"心理扳机"在影响他的决定和行动：

- "你拿什么吸引我的注意力？"
- "你是不是骗子？"

- "对我有什么好处？"（产品和服务的价值、好处等）
- "为什么我要采取行动？"（填写表单、反馈，留下联系方式，购买等）

好的文案必须针对这四个问题提供解决方案，所以我们可以参考"五步方程式"来撰写文案。

1. 抓住注意力

事实上，标题就是专门起这个作用的，就是为了让人看第一段文字。为了突出标题，你还可以在标题之前写一两句简洁的导入式副标题，以起到强化主标题的作用。

2. 激发兴趣

激发兴趣要靠文案的第一段文字，这一段是"主标题"内容的延伸，要瞄准客户的核心需求或者价值，那他就有兴趣继续阅读。这一段起到一个引导的作用，让他继续保持好奇和兴趣，不要做什么承诺和描述具体内容，引导他进入第三步。

3. 建立信任

怎么样让对方信任你？你要让他意识到你是一个真实的人，你要讲讲自己的故事、经历、体验或者是一些客户的典型案例，让他知道你不是躲在背后骗人的，很多客户用了你的产品之后确实获得了很多好处，这些人和事都是真实的。

4. 刺激欲望

这一段可以重点描述客户的蓝图和梦想，刺激他立即解决当下的痛苦和问题，实现目标，追求快乐。同时，我们要渲染在得到产品之后可以实现的种种美好体验，让他有画面感。

5. 促使他采取行动

建议客户采取具体的行动，是打电话报名，或者是填写表单、留下联系方式等，如果同时加上稀缺性和紧迫感，效果更好。

要成为文案高手，需要阅读研究很多范文，打很多草稿，不断地练习。文案是与潜在客户联通的核心手段，这个工作非常重要。

企业管理者不需要自己修炼成为一名文案高手，这样专业的工作应该找专人来负责撰写，但你需要了解标题和文案对营销传播的关键作用，掌握标题和文案的关键点，这样便能很好地把关和使用。

持续输出价值，打造你的自媒体

自媒体，就是自己宣传自己的媒体。现在是一个粉丝经济时代，互联网世界十分神奇，你有自己的绝活和价值，展示出来就是自媒体。

如何展示？文字是最简单最直接的表现形式，除此之外图片、音频、视频等都可以使用。比如你唱歌非常好，你可以选择去抖音、快手这些平台展示自己的风采，很容易吸引一大批粉丝。在这个年代，成名已经不是明星的专利了，任何人都可以，只要你愿意持续经营。

自媒体运营的核心，首先是持续输出价值，有自己的核心竞争力。

以我为例，擅长在公众面前分享，我便录制一些音频、视频节目，或者写一些文章发布，分享中小企业利润持续增长的思维和经验教训，让别人少走弯路。如果有人愿意跟我交流，我的助理团队会进行接洽。

当然，什么都要讲究差异化，我们的自媒体需要与众不同；你的观点是原创的，是独一无二的；你的文章写了别人没写的、不敢写的、不愿意写的；你的发展模式也是崭新的。

自媒体运营还要选准目标群体，我的目标群体就是年产值大约在一亿元以内的中小微企业管理者和准创业人员。然后，我把这些文章、视频、音频发布在目标群体聚集的网络平台上，久而久之人气就积累起来了。

1. 做一个"有故事的人"

我还记得我刚上大学那会儿，班里有一个同学在做自我介绍时说得慷慨激昂，并讲述了他高中时经历的一些趣事，而这些事情是我们大部分学生都没有经历过的。于是，我们都觉得他特牛，也不管他说的事情到底是不是真的，就觉得他是一个有故事的人，结果选择了他作为我们班的班长。

当得知一个人是个有故事的人之后，人们的想法就是想去了解这个故事是什么，并对这个人充满好奇心，这也使得这个人看起来非常具有吸引力。同样的道理，一个有故事的企业也会让客户对它产生兴趣，想主动去了解，推广也就更加容易进行。

一个有故事的企业，可以通过自媒体的方式进行营销，将自己的故事说出来，会得到别人的关注，也就会有更多的人愿意去了解这个企业其他方面的事情，如企业文化、品牌理念、产品和服务的水平如何等，这种营销方式更加有效。

2. 自媒体，就是要打造有价值的内容

进入互联网时代以来，许多事情都发生了翻天覆地的变化，自媒体代替了传统媒体，企业的推广方式实现了低成本、高效益，也就为企业带来了无限的商机。建立在互联网之上的自媒体宣传，有以下这些方面的好处：

（1）互联网会记住你。

互联网的自媒体与传统媒体的最大区别就在于，自媒体的宣传内容几乎是可以永久保存的，且不会变皱、发黄等，不像报纸、书籍等容易腐烂，被人们遗忘。所以，我们要做的就是编撰自己的故事，写出一篇引人入胜的故事放在互联网上，可以提高企业的曝光率，从而让客户对我们的企业产生信任和忠诚。

（2）跨越地域和国界的限制进行宣传。

通过互联网自媒体，我们可以查看任何地区的信息，也可以将信息传播到任何地方，真正实现跨越地域和国界限制地宣传。这让企业曝光率瞬间增加，实现让全国乃至全世界的人们记住我们的企业和产品的目标。比如苹果手机，还有国内的阿里巴巴等，都从本国传播到了其他国家，让更多的人了解，才获得了如此巨大的成功。

（3）360°无死角宣传。

在互联网时代，如果要对一家企业进行宣传，可以通过网页、论坛、社区、游戏和视频插播的广告、各类购物网站等，实现360°无死角宣传，无论你在互联网上做什么，都可以看到企业的宣传内容。这种不放过任何一个地方的宣传方式，也只有互联网能够实现，为企业的营销提供了强有力的支持。

（4）再小的个体，也有自己的品牌。

这是微信公众号的口号，互联网释放了草根的力量，每个人都可以通过互联网宣传自己。

> 河南焦作农田里的山药、云南大山里的土豆都是当地农村里再常见不过的食物，之前当地人经常吃不完还拿去喂猪。但通过网络，它们有了自己的品牌，一个叫"铁棍"山药，一个叫"子弟"土豆，差异化一打造，便在网络上畅销起来。

这个案例就是将一个普通农民栽种的再平常不过的食物，通过自媒体的宣传，变得热销起来。企业也可以利用这种方式对自己进行宣传，不仅效果好，成本也低。

尤其是对于一些有故事的企业，如果不利用互联网的优势，将自己的故事传播出去，那是一件很可惜的事。通过故事吸引人们的眼球，当人们的关注点转移到企业上时，就可以对企业做一些更深入的介绍，获得人们的关注与信任，生意也就随之而来了。

3. 自媒体的关键点

自媒体，就是你要找到一个平台，和受众群体做持续的沟通。

沟通，就是要让对方经历这三个层次，从有兴趣到信任你，继而对你或你的信息形成依赖。受众为什么能相信你、喜欢你？因为：

- 沟通的持续性

沟通的频率比单次沟通的时间长度更重要，所以你不要凭空消失一段时间，要持续、经常地发布信息和文章。

- 分类的开创性

自媒体需要首先为自己的价值领域做一个定位，如果你开创了一个全新的领域，那么你从一开始就是第一。

- 内容的价值性

有价值的内容才是自媒体营销的目的与出路，而怎么写出有价值的内容，需要企业重点考虑。首先，应该以用户为中心，而不是以企业为中心；其次，所写的内容不要只停留在表面，要能给用户带来一些实际的帮助，无论是能让用户更加便利地购物，还是能够让客户丰富思想，这样才是有价值的内容。

- 生动鲜活的个性

自媒体是以人的思想和个人魅力为核心的媒体，所以你的文章和内容都必须接地气、讲人话，展现一个有鲜活个性、有喜怒哀乐、有真实情感的形象，这样才能给人留下好印象。

- 高质量的粉丝

有那样一群人高度认可你的理念，欣赏你的才能，喜欢你的个性，并且购买你的产品，还会在各自的圈子帮你做宣传，他们就是你的高质量铁杆粉丝，其数量决定着你自媒体的价值。

- 积极的粉丝互动

做自媒体，和粉丝的互动交流非常重要。经常有陌生网友问我一些问题，我会抽出时间尽可能给出回答，如果实在抽不开身，助理会帮我做这个工作。我深深地明白，也许就是这一个举动，便又多了一个又一个的粉丝。我还加入了一些企业管理者的圈子，也经常积极发言，亮出自己的观点和看法，帮助圈里的小伙伴；同时，从小伙伴身上，也在不断地验证一些倍增策略和运营理念。

在网络时代，自媒体的不断传播和影响，必将为企业的营销推广，为你事业的发展带来巨大帮助。

打造明星身份，让粉丝免费推销

为什么娱乐明星赚钱更容易？因为他们有热爱他们、为他们呐喊尖叫的"粉丝"。同样的产品，明星、专家会卖得更快、更好，而且价格更高。更重要的是，没有多少客户会跟他们讨价还价。而越是低价的市场，讨价的行为越普遍。你到奔驰车的店里看一看，有几个人在讨价还价？虽然客户也想打折，但是他们不一定愿意说，这是人性。但一般几万元的车子，不少客户可能会因为几千元的优惠折腾半个小时。所以，对于销售来说，明星身份具有巨大的优势！

很多人也认同明星的威力，但是他们觉得，明星很神秘，成为明星这个过程很难复制，要靠机遇。实际上，也并不是那么复杂，我们有章可循。

1. 众人的议论

在这里我们进行逆向思考，对明星进行剖析。为什么我们会认为某个人是明星呢？我们能不能创造条件也成为别人眼中的明星？

第一个条件是让众人来议论你，办法就是提高出镜率。明星经纪团队有一个重要的工作,就是不断给明星制造各种各样的话题,这实际上就是让别人去议论他们。所以,有多少人在背后议论,是衡量明星人气的一个重要指标。

我们的自媒体等传播系统,就可以产生明星效应。我们需要把自己的各种信息汇总然后发布出去,就是为了推广这件事情,让其他人知道,"哦,原来好多人在议论这个事情"。

当然了,我们所传递的信息必须是真实的、积极正面的,至少是中性的。传播的信息可以包括:各个媒体对我们的报道、采访,一些有影响力的客户的评价,典型客户的成功案例、成功故事汇编。把我们每一次宣传、每一场成功的活动、每一个典型的成功案例、我们在这个过程中付出的努力等信息,一一进行展示。

在展示的同时要记住一个平衡,既要有宣传的作用,又不要让人觉得我们在自吹自擂。我们的出发点一定是给大家贡献价值,然后他们在看了信息之后自然得出一些结论,这个结论也是你想要的。

2. 视频

想象一下,明星经常出现在哪里?包括报纸、杂志、电影、电视等。

我们未必有机会上电视、上杂志等,不过完全可以拍摄自己的视频来对自己以及产品和服务进行宣传。

视频比较方便观看,比看文字更轻松、更直接,这是可以短时间拉近和客户距离的方式。

在拍摄视频时你需要给自己一个形象定位。如果你能有一些鲜明的符号和个性会更容易让人记住你。比如你是一个很有创意的人，或者你是一个风趣幽默的人，或者你是管理者同时又是产品专家，那么就应当在视频中呈现出这个特征。

成功者和一般人有一个区别：一般人做很多的事情，但是这些事情之间没有关联性；成功者做很少的事情，但这些事情是相互关联的。所以我们所做的事情要围绕着一个主题、一个根本，这样才会有放大的机会，产生多米诺效应。

3. 名人专家的推荐

这是明星速成的第三个要素，别的明星、别的专家也在议论你和推荐你，所以你当然是明星。

在这里，主动出击很重要。也就是说，主动帮别人做一些事情，让他们意识到你的价值，那么他们自然会推荐你。你需要先找到行业内的名人，主动给他们贡献价值，帮助他们解决一些问题，让他们了解你的价值和为人。

然后慢慢地，他们的一些"粉丝"会开始议论你，或者讨论你做的一些事情，这样他们就有推荐你的理由。当然你的东西必须是好的，你的人格必须是经得起考验的，这是推荐你的前提。

当然，有时候不一定非要让这些名人推荐你，你可以间接借力，比如你可以和他们一起做点事情。我们要了解一个人，通常会通过他的社交圈去判断。比如："谁是他的朋友？谁是他的合作伙伴？"这个圈子决定了这个人的知名度和信誉度，所以如果能和这些人一起合作，先进入这个圈子，就是间接借力了。

当然，你不要说："你看，×××都和我们合作了……"你可以说："我最近做了一个新项目，合作者是×××，他对我的理念比较认同，所以合作很愉快，结果也很好。就这次的成功合作我愿意和大家分享一下，写了一篇短文，你可以去看看，应该会很有启发……"

你需要巧妙地借力。比如，有一些人就是靠评论名人出名的，本来他自己不出名，但是因为他评论的都是名人，所以他就出名了，这种例子不少。

在传播的过程中，我们不要直接去销售或说服，你得让消费者自己得出结论，这是一个重要的原则。你不能直接告诉别人说"我是明星"，而是需要一颗平常心，全心全意为大家创造价值、贡献价值，这样自然能"吸引"更多价值观相同的粉丝来到你的身边。

当然了，在借力时，我们也要慎重选择对象。如果你不认可某人，如果你们彼此价值观背离，就算他白给你钱，你也不要和他合作，因为他可能会损毁你的声誉和口碑。

在你进行多轮明星传播、粉丝不断增加的过程中，那些接受你的思想，或者被你的观念影响的客户会更容易、更愿意来找你。而且，他们对你的信任度会很高，对你的产品或服务的讨价还价行为几乎不见了，你可以拥有超高价，成交也更容易了。

传播机制越强，品牌效应就越强

当企业生存不再是问题，有了稳定的赚钱系统，这时就要考虑品牌和传播的问题了。"传播效应"和"品牌效应"是相辅相成的，这样才有机会把企业及品牌做大。

在传播之前，要先想想，我要让对方采取何种行动？真正的传播不是把信息复制粘贴到客户的大脑中，而是基于你要客户采取的行动。

1. 不在于"卖什么"，而在于"谁在卖"

在产品同质化越来越严重的时代，客户关心的已经不再是你卖的是什么，因为同样的产品在哪里都能买到，他们更关注的是谁在卖。在销售产品之前，要先营销自己，让客户相信你，他才会去购买你的产品。每个产品都可以被复制，并非独一无二的，一直介绍产品本身并不能引起客户的注意力，反而最容易被忽视。

在互联网时代，人们所关注的是一个人的独特性和他背后的故事。如果客户愿意了解卖东西的这个人或企业，进而对你产生信任，你的产品才会被他们接受。所以，先让客户了解你、信任你并喜欢你，那么你的产品将不愁没销路。

你需要记住，传统营销的核心是产品，但是在互联网时代营销传播的核心是人！

在自媒体时代，管理者的个人品牌最能够代表公司，也最容易推广，因为他是一个活生生的人，所以我们就需要把品牌人性化进行推广。

作为"企业管理者"、创始人的营销威力是巨大的。我们要给管理者本人塑造良好的特质，并提炼出来，赋予他一种特别的吸引力，让人愿意传播、乐意传播。

我们传播的目的是让对方做出我们希望的回应，让他们能够产生共鸣，愿意将此传播内容再次传播出去。这样循环往复，让传播的力度非常大。而要达到这样的效果，则需要我们对这个传播的内容加以适当的修饰，让它不仅能表明我们需要传递的信息内容，也要让传播的内容能给他人带来一定的收获，这样才能被一直传播下去。

2. 意见领袖引发的传播系统

如果我们要成为名人专家，就必须让别人讨论我们，尤其是我们不在场的时候。如果每次都需要我们亲自跟别人讨论，那传播效应就会受限，我们也成为不了明星专家。比如一个老师，如果没有人在背后讨论你、尊重你，可能说明你的影响力不够。做品牌也是一样，如果没有人议论这个品牌、尊重这个品牌，那要想成为名牌就很难。

在互联网时代到来之前，因为没有这么方便的传播途径，传播受到了诸多限制。但是，随着互联网的迅速普及，我们能够实现低成本传播，并且让传播的速度加快、受众面扩大。一个信息在很短的时间内就可以被成千上万的人知道，整个互联网网络就是一个传播信息的巨大平台。

以前是传统媒体占优势，比如说国家电视台、各省卫星台或者是报纸杂志，它们决定了观众能看到什么、听到什么、应该相信什么、不应该相信什么。现在不一样了，我们每一个人都可以成为自媒体，这意味着我们的社会被分成一个个的传播圈子，每个圈子的中心都有一个意见领袖或者叫作专家。作为一名企业管理者，如果你能够成为一个圈子的中心，同时建立起一种自发传播的机制，你的企业无疑将非常成功。

3. 四级传播层次

通过不同的人传播信息的不同性，我们可以把传播分为四个不同的层次，具体含义如下：

（1）企业对粉丝的直接传播。这是企业直接将它所要传递的内容传播给粉丝的方式。

（2）粉丝之间的互相传播。当企业的粉丝对该企业的传播内容有了一定的认识之后，他会和其他粉丝进行交流、讨论，把企业传播给他们的内容再次传播出去。

（3）粉丝领导者对粉丝的传播。在粉丝当中会出现一个或几个粉丝的"领导者"，他们代表着全体粉丝，直接与企业接触，也会在第一时间将企业传达的信息传播给其他粉丝。粉丝"领导者"对粉丝的影响是巨大的，所以企业应该与粉丝"领导者"保持紧密的联系，并想方设法让他们为企业"代言"，或者直接为企业做宣传广告等。

（4）粉丝领导者之间的传播。在不同的粉丝当中，粉丝领导者也不同，拿明星举例来说，不同的明星所拥有的粉丝也不会完全相同，其粉丝领导者更不会相同。他们在交流、沟通时的话题是最有影响力的，如果企业能够让他们一起讨论并传播你，那么所起到的效果将是空前的，会获得粉丝最热烈的支持。

这四级传播层次所起到的效果也是不同的，企业可以针对不同的传播层次进行不同的规划，让传播有方向性地进行，从而起到最佳的效果。毕竟，不同的群体之间所讨论和在意的传播内容侧重点也不尽相同。

4. 病毒式借力

自发的传播系统需要多方的借力，才能让我们的传播效应更快更好。

第五章 营销之道：实现业绩增长的终极手段

（1）从聚焦传播到发散传播。

有一些小众的奢侈品也上电视做广告，而电视受众群体那么广泛，它们为什么要这么做，而不精准投放呢？那是因为如果大家都不知道这款手表值几十万，那么真正的客户也不会想掏钱购买了，就是因为大家都知道这块手表值几十万，所以他才买呀！

我们前面说过聚焦，但我现在告诉你，我们要将信息广泛发散出去，因为有很多粉丝会帮我们传播。传统的聚焦传播理论考虑到广告成本的问题，所以必须聚焦。而现在我们会考虑到传播的蝴蝶效应，虽然某些粉丝暂时不是我们的客户，但是他们最终会影响到你的目标客户群。

所以我们不光要向精准客户群体传播，还要向他们身边的影响人群传播。

（2）借力活动，一对多传播。

各种论坛、协会聚会、公开课、交流会、研讨会等都是重要的鱼塘节点，如果在这样的场合管理者能上台分享，对传播系统的打造无疑是帮助非常大的。

所以说，管理者本人良好的公众表达能力是多么的重要。你分享越多收获越多，先给予价值，然后留下诱惑，便能吸引一群人来关注你和你的企业。

（3）借力牛人和意见领袖。

每个圈子、行业中都有一些名人、明星和专家、粉丝多的牛人，我们可以向他们借力。当然，借力的前提是我们能给他贡献价值，不然他为何让你借力？所以我们先不断地提供和付出，发现他们的需求，先帮助他们，然后才能收获他们的帮助。

一旦圈子中的专家都愿意为你做宣传，说你的好话，会让我们的传播效应提速提质，这就是"傍大款""傍专家"的效应，会缩短购买的流程，威力非常大。

（4）借力机制。

我们可以制定一些机制，让粉丝和专家主动转发、讨论和分享你的信息，让老客户传播、转介绍新客户等，比如抽奖、红包、免费的价值、神秘礼物、特权活动、回馈活动、特定圈子交流互动等多种方式。

传播系统就是通过自发传播的机制，让粉丝、专家、老客户等所有受众群体，把我们的理念、蓝图、故事、精神、产品还有管理者特质，不断地传播出去。这种自发传播会为我们输送更多的潜在客户，会把更多被教育过的、思维模式受过影响的客户源源不断地送到我们面前，这就是传播系统的作用。

所有的品牌，任何一个企业，最后都得有自发传播的机制，传播机制越强，我们的品牌效应就越强，继而形成病毒式的传播。你只需在一开始的时候做推动，然后就不需要任何的成本，只要不断地汇总和放大就可以了。

做一个好广告，不断赢得理想客户

广告，就是要追求传播的广度和深度。也就是说，一方面希望更多人了解我们、接触我们、接受我们的理念、蓝图和产品；另一方面我们也希望那些客户或者是粉丝，能仔细、深入地了解这些内容，继而形成销售。所以好广告要具备以下几个特性：

1. 新闻性

我们把广告主题当作一个事件进行营销，关键就是它的新闻性，比如说你有最新进展、最新产品、最新突破等。对新产品，一般人的想法，就是举行一个新品发布会。其实与此同时，我们还可以进行一系列的新闻事件营销，比如突出"第一"，你可以说："为什么这件事情是第一呢？有以下几个原因……"

再比如说"突发性"，就是没有预兆就发生的事情。做新闻的人都知道什么样的东西最容易成为新闻，我们要从他们的思路中去想这些特性，包括第一、首先、最新、突发性，或者是重要的变化、改变等。

有人说这样的机会很难找，其实我们身边到处都有这样的机会，关键是你能不能改变思维。就像米开朗琪罗所说的，每一块石头内部都存在着一个惊世的杰作，我们所需要做的只是把多余的部分去掉而已。同理我们可以说，每个人身上都隐藏着一个好莱坞电影和故事，我们只要把不相关的东西去掉。

我们的企业、我们自己每天都发生着新的事情、新的改变，我们要去发掘这方面的题材。

2. 震撼性

一件事具有震撼性是让别人更容易接受这件事的关键，因为它是以一种情感来打动他人的。而一个产品的设计，如果让客户觉得震撼，那么也一定会打动客户，让他们产生购买的冲动。我所说的震撼性，重点在客户，而不是产品。只要让客户感受到震撼，并且让这种感受不断地扩大，他就会对你产生信任。

震撼性可以是在产品的规模、运行速度以及奇特的用户体验等方面，给客户带来一种震撼的感受。我们需要用心去思考、去行动，这样每个产品都可以做得具有震撼性。

有时，我去大一点的饭店吃饭，就觉得厨师很"神奇"。他把普普通通的食材做成精美的菜肴，还有那么漂亮的花色，味道还那么好，让人在享用的时候觉得生活好幸福。在那时，我真的认为厨师是世界上最伟大的工作。

有时，我去参加一些非常厉害的老师的课程，突然之间他的一句话就点醒了我，当时就有醍醐灌顶的感觉，我就觉得这位老师真的是很神奇。

有时，看到一些学员参加我们的课程之后思维改变了，而且他们执行力超强，在一周内业绩就做到了上个月的总和。我就觉得这些学员好伟大、好神奇，我也感受到了自己工作的神奇之处。

所以，不是你的经历不精彩，不是你做的事情不精彩，不是你的产品不精彩，也不是你的事情没有新闻性、没有震撼性，而是我们一定要具备发现精彩的眼光，然后去强化、宣传、引导客户去看到。

3. 颠覆性

如果你在做一件事情，你相信自己的神奇之处，那你一定会在某个方面具有颠覆性。每一次我们的思维被颠覆的时候，我们都会产生耳目一新的感觉。就像我在上课的时候经常会感觉到，面前的学员突然眼前一亮，这种感觉对他的成长将产生巨大的帮助，所以我们要创造这种颠覆的瞬间，让你的整个策划和文案具有颠覆性。

颠覆从哪里来？我们有一个思路叫"颠覆不可能"，也就是说，我们的创新可以从别人的"不可能"处出发。

比如到了一个新市场，我会问，你觉得行业的问题在哪里？有什么问题你认为是不可能的、做不到的？然后他会给出一系列的"不可能"。接着我把所有的"不可能"分类汇总，最后琢磨怎么突破。我是从外部来思考这个行业的，而他们的诸多"不可能"往往只是因为思维模式的固化而产生的局限，所以突破"不可能"的方案也变得简单多了。然后，当我手里拿着好几个方案给他们看，那些他们发誓绝不可能实现的东西被我找到了突破口和解决方案，这对他们来讲就非常震撼。

很多时候，创新就是从颠覆不可能开始。思考整个行业的模式，然后去突破它的"不可能"，这就是行业领袖的做法。领袖给人的是一种不一样的思维、不一样的感受、不一样的视野以及全新的世界，所以我们的机会才会越来越多。

所有颠覆"不可能"的冲击力都是非常强大的。所以，我们可以：

- 颠覆传统模式：首先要理解传统模式是怎么回事，原来是怎么运作的。有时候，做销售就是要告诉别人："这是你做事的方法，对不对？现在我告诉你，这样做是不行的，这样会……假如有一种方法，让这个问题彻底地消失你会不会感兴趣？"这就是在颠覆传统的做事方法和思维模式。
- 颠覆固有观念：每一个市场都有一些固有的观念和理念，

要彻底地颠覆它，创造一些新的概念。

- 过去与现在：过去的模式已经无效，于是产生了新的模式，新模式是什么样的？为什么是这样的呢？也就是引导对方进入更大的时间框架中，看到未来的趋势，发现当下的机会。

4. 戏剧性

戏剧性是我们每个人都偏爱的，因为它的新奇和意想不到，让我们处于一种异常兴奋的状态。猜不到结局的人生才最有趣，所以我们每个人都希望自己的生活能充满戏剧性。

我们都喜欢看小说和电影，就是喜欢里面所描述的主人翁的生活总是一波未平一波又起，让人心生向往。这就是戏剧性的魅力。

戏剧性的一个重要元素就是冲突性，就是两种力量之间的冲突。你看每个戏剧都有冲突，主人翁想去实现一件事情，但总是有些反派在阻碍他，不让他实现，他们之间有剧烈的冲突，故事因此更加精彩。"制造敌人"就是为了引发这样的冲突，然后用这种方式吸引客户。比如："我们是小公司、新公司，我们的出现是为了联合消费者，一起来对抗那些店大欺客的大公司，我们要和它们竞争。虽然规模上我们不能跟它们相比，但是我们更加用心、品质更好。我们服务的人少，所以我们更加体贴你、关心你、珍惜你……"

营销就是研究人性，然后把很多东西接过来。我们要观察生活，在生活中寻找营销的灵感。

5. 要产生行动

广告就两个效果，让他看到，让他行动。

第五章 营销之道：实现业绩增长的终极手段

每个广告都需要一段有吸引力和煽动性的文字或是标题，用来激发潜在客户的兴趣，督促他采取一个行动，立即致电、扫描二维码，或者立即点击、直接在网络上成交，或者填写表单报名等。我们的任何营销活动，都要让对方采取行动。

6. 要抓住更多客户信息

每一次广告我们都力求抓住更多的客户信息。当然每次索要对方信息的时候，都需要给他一个理由，或者我有样东西要送给你、寄给你，或者是要邀你留下信息参加一个抽奖活动等。这样客户便进入了我们的赚钱机器系统。每一次沟通绝不是为了单纯的销售，而是为了持续地提供价值。

如果是抽奖，留下信息的客户都是想获奖的，如果他没有获奖，你可以告诉他："虽然你没有获奖，但是我可以送给你一张50%折扣的代金券，你可以带着家人来消费。"这样即使他不来也不会恨你，你为他提供了优惠的机会。

广告与传播机器的配合非常关键，最终我们要打造出一个系统，24小时源源不断为我们输送理想的客户。

微信营销：大胆尝试，细心运作

在移动互联网上，目前人们使用最多的就是微信。它的开放和分享、社交功能，让我们可以通过手机方便地拥抱PC互联网，几乎可以链接生活中吃喝玩乐等一切资讯及消费领域。

营销就是客户在哪里，我们就去哪里找他。我们要做好移动互联网的营销，就必须要掌握微信营销。

相信你也经常看到朋友圈各种各样的刷屏，是不是有些招人

239

烦？身边的不少朋友都说，遇到这样的情况不仅不会购买，甚至会把这样的朋友拉黑，这是什么原因？因为这群刷屏的朋友不了解电商的本质，所以不仅难以转化，反而破坏了朋友圈社群的关系。

那么，微信营销究竟该如何操作呢？想一想，假如在朋友圈购买产品，你会在什么情况下购买？事实上，任何的营销渠道本质都是一样的！作为消费者，我们需要感受到对方的价值，对商家有一定的信任，同时在我们有需求的情况下才会购买。

那么，做微信营销，我们如何解决价值、信任和需求的问题呢？

首先，要吸纳更多的粉丝。这是解决价值、信任和需求问题的第一步。因为，只有拥有足够数量的粉丝，才能将微信营销进行下去，才越容易取得成功。

粉丝是主动添加我们微信账号的消费者，而不是我们去主动添加的陌生人。这两者的区别是，前者是被我们的产品或服务所吸引，会关注我们所发布的产品信息。而我们主动去添加的微信好友也许会购买该产品，但是总体来看成交率较低，他们甚至会对我们经常发布一些产品信息的行为感到厌恶。

所以，做微信营销应该通过提升产品的竞争力和有力的宣传，来吸引粉丝的主动关注，而不是盲目地添加微信好友。而要吸引粉丝的注意力就要投其所好，例如，在以时尚为主题的论坛里要为自己吸纳粉丝，就要结合时尚的主题，以此来吸引论坛里的潜在客户。

另外，我们也应该严格管理自己的微信团队，给他们安排吸

第五章 营销之道：实现业绩增长的终极手段

纳粉丝数量的任务，奖罚分明。

当我们拥有足够数量的粉丝之后，又碰到了另外一个问题，就是如何维护这些粉丝，让他们一直支持我们的产品和品牌。

为此，我们应该思考我们自身所具备的优势，以及能为粉丝带来哪些方面的好处。在向粉丝传递我们所具备的优势时，务必要真实，不能夸大其词，或者杜撰一些虚假信息，否则只会适得其反。

如果我们确实拥有一定的优势，或者曾经取得一些令人骄傲的成绩，那就应该大方向粉丝展示，毕竟每个人都更愿意向成功人士或企业学习经验教训。

当我们向粉丝展示了我们的优势和辉煌的历史之后，接下来还要提供一些有价值的内容和经验，通过不断的交流让粉丝从中学到实实在在的本领。

这样，就能维护好粉丝对我们产品和品牌的忠诚度，并且通过这种互通有无的沟通方式，可以增进我们与粉丝之间的感情，使粉丝对产品和品牌的凝聚力变得更强。

其次，让粉丝对我们产生信任感。信任，永远是成交的敲门砖，否则就算他有需求，也不会选择你，因为他可以直接通过PC端到京东或者天猫选择更多同类商品。

当我们的粉丝达到一定数量之后，就要开始考虑如何让粉丝对我们的产品和品牌都产生信任感。这样，他们就会带动身边的朋友一起支持我们的产品，从而让我们的生意一直火爆下去。

为此，我们可以从多方面着手，例如，经常装修我们的微信店铺、修改图片和宣传文字，让粉丝保持对店铺的新鲜感，不会产生"审美疲劳"。另外，也可以适当地向粉丝普及一些生活小窍门之类的知识，让粉丝感受到我们对他们的关心。

当然，我们也可以利用免费模式来提高粉丝对我们的信任度，例如，向粉丝提供一些免费试用产品、实用礼品等。

做微信营销最重要的是让粉丝信任我们，然后再对我们的产品产生信任。当粉丝信任一个企业后，也会自然而然地信任该企业所推出的产品。而要让粉丝对我们产生信任，我们就要主动采取一些行动，而不是被动等待。

首先，我们要多逛别人的圈子，让自己的"曝光率"提升，让更多的人了解我们的产品和品牌。并且，通过逛别人的微信朋友圈我们也可以学到更多的东西，了解消费者最新的需求。

其次，结交一些粉丝中的"领导者"，认真听取他们的意见，并尽量让他们为我们的产品和品牌做宣传，这样会比我们自己对粉丝宣传的效果要好，也更容易获得粉丝对我们的信任。

最后，逐渐聚集起人脉基础，并打造自明星，吸引更多粉丝的支持与信任。当我们聚集了一定的人脉之后，就可以使我们的宣传成本大大减少。而打造自明星，会让粉丝对我们产生一种狂热的追捧，更加提升我们在微信上的知名度，可以吸引更多的粉丝以及获得他们的信任。

通过这些方式让粉丝对我们的产品和品牌产生信任，从而产生购买行为。

最后，促成交易。当粉丝对我们产生信任，这是促成交易的重要一步，但是千万不要在这个时候就大肆推销产品，否则只会让我们之前的努力功亏一篑。正确的做法应是，通过一些营销策略，让粉丝们主动购买，这样做会不断地为我们带来交易量。

第一步，我们需要结合自身的品牌文化，提供一些有价值的内容。

第二步，需要客服人员发挥关键作用，正确引导粉丝的关注点，分析他们的心理特点，找出粉丝的需求，并结合产品的优势有针对性地推荐产品。在解答粉丝的问题时，客服人员也应做到及时、全面，让粉丝感到满意。

最后一步，要与粉丝持续互动，这是保持粉丝们热情最有效的方式。我们可以定期与粉丝们针对一些热门话题进行讨论，或举办一些有奖调查等。另外，我们也可以在微信上发布一些生活上的事情，让粉丝产生共鸣，或者偶尔再发一些与产品有关的文字，逐渐影响粉丝的关注点，或者通过"互赞"的形式进行实时的沟通与互动。

这些都是促成交易的方法，我们可以根据不同的情况适当地应用，来完善我们的微信营销。

病毒营销：让信息疯传

病毒营销指利用公众的积极性和人际网络，使信息像病毒一样利用快速复制的方式向受众广泛传播，即"大家告诉大家"，是用户之间自发进行的。病毒营销是目前市场上最流行的营销方式之一，其宣传成本极低，效果却异常显著。

冰桶挑战就是病毒营销的一个经典案例。

2014年冰桶挑战在极短的时间内就迅速风靡全球。不论是平民百姓还是明星政客，都对冰桶挑战有极高的热情，都乐意去接受和传播这个挑战。

冰桶挑战全称为 ALS 冰桶挑战赛，它要求挑战者通过网络，发布自己用桶装满冰水浇遍全身的视频，接着，该名挑战者就可以要求其他任意 3 个朋友参与该挑战。如果被要求的人不能在 24 小时之内完成这个挑战，就要为"肌肉萎缩性侧索硬化症"捐款 100 美元。

冰桶挑战之所以传播的速度很快、波及的范围很广，除了它属于病毒营销，还因为这个挑战具有公益性，可以让更多的人了解并帮助患有肌肉萎缩性侧索硬化症的人们。我们在使用病毒式营销时，也要将宣传的内容设置得更加有价值，这样起到的效果会更好。

病毒营销有以下一些特点：

第一，传播速度非常快。病毒营销是将一个信息在客户之间传播，并且所有客户都自愿自发地再将这个信息继续传播给身边的亲朋好友，让这个信息能够持续不断地传播。

第二，受众接收信息的效率高。我们在生活中可以看到各式各样的广告，但是真正能让我们接收的并不多，有些是因为它的宣传方式我们不喜欢，有些是因为我们没有机会完整地将广告看完等。对企业来说，花了高额的广告费，却没有得到理想的效果，无疑是一种巨大的损失。而病毒营销由于是在我们的亲朋好友之间进行传播，方式也多种多样，如短信、电话、QQ、微信、微博等，我们有更多时间去弄明白究竟是怎么一回事，然

第五章 营销之道：实现业绩增长的终极手段

后也愿意将这个信息再次传播出去，从而促使营销获得成功。

第三，循环周期较快。通过病毒营销传播的产品大都是网络产品，而网络发展迅速的特点又决定了其生命周期非常短暂。所以，我们应在最短的时间内，让客户在传播的过程中实现购买行为，这样才能让病毒营销发挥出最佳效果。

我们可以从以下几个方面抓住病毒营销的操作关键点：

1. 选择有价值的病毒营销传播内容

只有有价值的传播内容，才能让病毒营销达到最佳效果。既要让客户易于接受，又要充分表明企业所要宣传的内容，同时还要让客户能从中学到新的知识，或者领悟到新的人生感悟。这样的传播内容才有"营养"，人们才愿意再次传播出去。另外，企业可以通过文字、图片、视频等非常生动、形象的方式，来展示出所要表达的内容，这样更易于客户接受。

2014年，支付宝推出抢红包活动，即在固定的时间点送出现金红包。用户只需打开支付宝手机客户端，通过抢虚拟红包，就有可能抢到带有一定数额的现金红包。这个活动一经推出，立刻受到了网友的热烈追捧，许多人都下载了支付宝App，包括那些平时不喜欢网购的人，支付宝也因此得到了更广泛的普及。

支付宝仅花了少量的资金，却得到了如此显著的宣传效果，引得其他商家也纷纷效仿，一时间抢红包成为网络上的热词，也成为人们网聊中的新话题。这就是病毒营销的魅力，虽然人们通过抢红包并不能获得多少现金，但是已经足够让人们感到新奇与满足。

2. 寻找有力的支撑点

当我们有了病毒营销的方案之后，要想让它持续地发挥作用，就需要寻找一个有力的支撑点，来帮助我们实现这个目的。这个支撑点必须是在网络中有一定权威和影响力的个人或群体，如各大 KOL（关键意见领袖）等，他们对网民都比较了解，能够及时发现他们最新的需求。我们如果能够与他们合作，将对我们运用病毒营销有巨大的帮助。另外，我们也要积极听取他们的建议，适时对病毒营销做出一些调整，才能使效果更加显著，得到更多网民的响应。

3. 做好维护 KOL 的工作

当我们找到有力的支撑点之后，如何进行维护才能让这些 KOL 愿意为我们做推广和宣传？

一方面，我们应给予他们一定的物质奖励，这表明我们对他们重视的态度；另一方面，通过邀请他们参加一些企业举办的活动，既能满足他们的兴趣爱好，又能增进彼此的感情基础。

4. 做好病毒营销的监控与评估工作

在病毒营销进行过程中，我们要对其进行监控，随时掌握最新消息，尤其是针对一些负面信息要及时做出一些调整。另外，当病毒营销告一段落之后，我们还要对其进行评估，来判断该营销活动取得的成绩如何，今后是否能借鉴或者怎样整改、改善等。

当然，病毒营销最重要的还是要有创意，再结合以上这些关键点，才能达到更好的效果。所以，我们最好将这项工作交由专业人员去做，只需要说明我们的目的和预期的效果即可。

期待营销：先锁定客户再布局商品

作为企业老板，如果解决想生产一款产品，却苦无资金的问题？如何做到产品还没有生产，就能够获得足够的消费者支持？如何解决生产出来的产品没有人买单的窘状？

期待营销可以解决这个问题。期待营销又叫"提前营销""终极预售"，就是先锁定客户，或是先卖出产品，然后再去组织生产或布局商品。对于一些设计、发明类的产品，可以通过期待营销来了解该种产品是否有市场，特别是针对一些只能通过批量化生产的产品而言，期待营销达到一定量后才可以投入生产，有效规避了生产存在的风险。

对于企业而言，通过期待营销一方面可以提前获得销售资金、根据预售数量实时更新新产品的需求预测信息，从而降低库存风险；另一方面，在考虑消费者行为的前提下，企业还可以将新产品期待营销策略与新产品定价、信息披露、价格保证、新产品创新等策略结合，进一步提升企业的盈利性。

一家新开的化妆品公司，为了节约成本，走的是微商路线，在招收了很多品牌代理之后，在朋友圈开始大肆宣传！由于前期的研发费用相对来说较为吃紧，而现金流又不十分充足，这家公司的所有者就想到了一个先收钱，再发货的策略：独家版化妆品预售。

就是先设计出一款独家化妆品，仅生产一批，全国独一无二，并且仅有10000瓶。每个人可以先付钱购买，先订先得，到10000瓶截止。等到全部订购出去之后，公司再统一发货。这种方式，延长了发货的周期，又能提前收回钱来，继续支持化妆品研发。

一个月后，这款独家化妆品发货了，那10000个买到这款化妆品的用户，都为自己能获得这样一款限量版的化妆品而感到开心。公司老板的这个策略，不仅仅是解决了现金流的问题，更重要的是：因为这一次的预售，大家都知道了新创立的品牌，给后期的朋友圈营销带来了极大的优势！

学会期待营销，不仅可以替产品进行市场预热，更重要的是，我们已经提前把钱收到自己的手里了，就会更方便去做其他事，支持其他地方的投入。接下来，我们来看如何操作期待营销。

1. 精准定位，选定客户群体

凡是商品都有一个明确的市场定位。所以，我们要推出一个新产品或推出一个新活动也必须先做好定位。这个产品、活动针对的核心客户群体是什么？他们有些什么特点？他们的核心需求是什么？他们还有什么问题、困难、困惑？他们的激情和快乐是什么？我的产品和活动如何与这些因素连接，核心连接点是什么？在本次活动中，这个产品的卖点是什么？在确定这些问题的答案后，我们就可以布告天下"我要做什么"了。

2. 强势发布预热信息

如果我们准备推出一个新产品或者新活动，一定要提前预告。我们可以在大众媒体和自媒体上放出消息：我们将在未来的某个时间推出一个里程碑式的新产品，或举办一次特别的活动，但详细的情况都不得而知，还有很多神秘的东西有待公布，引起客户的兴趣。

3. 制造热点，激发期待

目前，小米手机的销售额占据了市场份额的很大比重，成为人们最喜爱的手机品牌之一，尤其在青年人群中更是受到拥护与支持。

这是因为小米手机注重粉丝的积累。早在小米推出手机之前，就积累了许多粉丝，即"米粉"。正是这些粉丝的热心支持，给小米手机提供了一些有价值的建议，才让产品团队能够打造出口碑这么好的手机。并且，小米通过让一些"米粉"通过试用手机，帮助其完善手机的各项功能，这才使得小米手机一经推出就受到了大家的喜爱。

小米的成功离不开众多支持它的"米粉"。毕竟，让客户夸赞自己的产品，远比企业自己夸的效果要好得多。小米还通过一些互动方式，如发放礼品来调动粉丝的热情，让粉丝心甘情愿地参与进来。

所以，小米手机能够一上市就热销，不只是因为产品本身有多么出众，还因为小米为手机的上市做好了一系列的铺垫，包括手机功能的完善和人气的积累等。

这就是产品预热的阶段，这些我们都可以借鉴操作。

在这个阶段，我们要制造一些关于"我们"和"产品"的话题，最好有轰动性。同时把产品或活动的准备、实施的进度、整个过程中的亮点、大家的努力等信息不断地放出去，要图文并茂，所谓"有图有真相"。

我们还可以做一些抽奖、赠送的活动，吸引粉丝的参与热情，同时利用病毒营销的手段，让大家广泛地转发和传播。这会给我们带来更多潜在客户，同时让有兴趣的客户更加坚决地想购买。同时，我们可以举办一些优惠活动，有兴趣的客户可以预订，交付预付款还可以享受特别优惠等。

4. 发售时强化和引爆

在产品发售的阶段也可以借"新品发布会"来操作一场会议营销的爆破活动，邀约新老客户和媒体朋友，特别包括之前预购的客户等，让我们的发售活动一炮打响。或者我们可以再加上稀缺性和紧迫感的强化，以引发产品的热销，同时起到很好的传播作用。

无论是微软还是苹果、小米等，还是我们中小微企业，你会发现越来越多企业管理者都在使用这一模式。他们纷纷走到前台来，开发布会，做会议营销。线上集中发售与线下会议营销的结合，将线上和线下资源完美对接整合，营销力能力即可瞬间倍增，业绩自然迅速增长。

免费营销：一场皆大欢喜的盛宴

营销代表了企业的收益，决定了企业能否在市场上生存下去，是企业永恒的主题。

第五章 营销之道：实现业绩增长的终极手段

如果营销出现问题，产品失去销路，可能是因为企业没有做好供求关系的平衡，也可能是没有使用恰当的营销方式。

那么，企业该使用何种营销方式才能赢得更多客户？综观目前市场的发展形势，客户最喜爱的营销方式之一是免费营销模式。

免费营销让客户觉得是占了企业的便宜，就会得到心理上的满足，从而与企业建立信任的关系。这样，企业再对这些客户进行营销时，就会事半功倍。

在我居住的大学城附近有一位开书店的王大哥，免费借书给大学生，年收入却有百万元，令人百思不得其解。出于好奇，我便留意起王大哥每天的工作。

通过观察，我发现王大哥书店里的书都是一些专业书，如雅思、托福、考研和考公务员的书籍等。每名大学生只要缴纳30元的押金就可以借走两本书，还书的时候押金再退回。

但是，这种免费借书的形式还是不能赚钱。又过了一段时间，我发现王大哥将每名借书学生的资料都保存在电脑里面，包括借的什么书、在哪个年级、读什么专业等。最重要的是，王大哥每次都会问这些大学生是否有报培训班的打算。

我更感到纳闷了，王大哥既不会讲课，也不懂培训，问学生们报不报培训班有什么意义呢？然而，就在我感到非常疑惑的时候，偶然的一次机会，我看到王大哥与一名雅思培训班的老师在谈话，我自己也在这个培训班上课，这位老师就是教我口语的老师。我才明白，原来王大哥免费借书给大学生是为了吸引更多人，那些大学生对王大哥也非常尊敬，没事都会跟他闲聊几句。就是在这样闲聊的过程中，王大哥发现了一个商机。

这些大学生大部分都会报培训班，虽然王大哥不懂培训，但是由于积累了这么多学生资源，就可以和一些培训班进行合作，推荐一个学生去培训就拿一定的提成作为奖励。由于王大哥提供免费借书，让大学生用书十分方便，在学生们之间一传十、十传百，吸引越来越多的学生前来借书。学生每年迎来送往，这样王大哥便拥有了源源不断的学生资源，其收益也在不断攀升。

这个案例中的王大哥就是充分利用了免费营销的策略，让自己获得了更多收益。

这种通过免费的模式吸引客户的方式，要求企业将目光放长远，牺牲眼前的小利润，来赚取更大的收益。这也是免费营销的核心要点，即建立隐性利润空间。做生意是一个长期的过程，在某一个环节亏本没有关系，只要这样的亏本能够为后面的利润链带来更大的收益，企业就是盈利的。但是，免费营销模式不是只有固定的一种，根据行业性质的不同，可以分为以下几种：

1. 体验型模式

体验型模式分为试吃、试穿、试看和试用等，是让客户免费体验一个产品或服务，如果感到满意再消费。这样的免费营销模式可以让客户了解产品或服务是否适合自己，是否能够满足自己的一些需求。对于新的产品或服务，很多客户都是持观望的态度，都在等别人购买之后的评价再决定自己是否购买。企业提供免费体验，就是让客户可以毫无压力地体验产品或服务的效果如何。这样做会让客户更迅速地获得客户信任，更快地获取利润。

2. 第三方资助模式

在经济市场中，企业之间都有或多或少的联系，我们是需要客户的一方，同时也是被一些企业需要的客户方。利用这样的关系，我们可以让那些需要我们作为客户的企业，来为我们的客户买单。如我们是一家做食品的企业，那么我们同时也是那些生产食品加工机器企业的客户，他们可能会为我们提供一些优惠政策。我们可以将得到的这些优惠回馈给我们的客户，让我们的客户可以享受免费模式。

这样的免费模式其实是用免费产品吸引客户购买其他产品，再从他们所购买的产品上赚取更多的利润。通过这种形式，可以为企业积累大量的潜在客户，为后期的推广做好坚实的铺垫。

当我们拥有了大量的固定客户之后，我们还可以将产品进行分级，普通型的产品采用赠送的方式，而要得到更高级别的产品则要付出相应的费用。

3. 部分用户免费模式

这样的模式可以让一部分人群带动另一部分人群进行消费，属于客户之间的一种交叉性补贴。例如，电影院可以推出女生免费、男生收费的模式，这样会吸引更多的女生前来，她们势必会带着自己的男朋友一起，这样既吸引了大量的客户，又可以从中获取一定的利润。还有一些餐厅也可以推出小孩免费大人付费、老人免费家属付费的模式等。

4. 固定时间免费的模式

一些行业的性质决定了它的客流量比较集中在某个或某些时间段，而其余时间段的客流量则非常少，如餐厅、电影院等。对于这样的企业，可以在客流量很少的时间段免费向客户开放或免费供应食品、服务等。这样既不影响其他时间段的客流量，又能为企业吸引更多的客户群。

当客户习惯了这样的免费形式，就会对这家企业比较忠诚，从而经常光顾，久而久之，这些客户也会购买企业的其他产品或服务。这样一来，企业不仅弥补了某个时间段客流量少的缺憾，也拥有了一批忠诚的粉丝，更推动了企业其他产品的销量。

5. 提供额外项目免费模式

企业可以给客户提供一些额外的免费项目，来吸引更多客户。如在大型商场内提供一些免费的娱乐设施供小孩玩耍，就会吸引更多的小孩来玩耍。这些家长在商场内闲逛，会看到自己喜欢的商品，这样就促成了交易。

目前，市场上很多企业都采取这样的免费模式，如一些电影主题餐厅，客人在吃饭的时候可以免费观看电影等。即使这样的餐厅收费比其他餐厅略高，还是会吸引很多人去吃饭，因为客户在这里得到的那些新奇感受，而在普通的餐厅感受不到。

6. 固定位置免费策略

很多企业在场地的安排方面都会区别对待，如设立贵宾席等。但是，也有一些位置是属于"偏冷"型的，很少有人去光顾，如酒吧和餐厅最偏远的座位等。针对这种情况，我们就可以使用固定位置免费的策略，让这些"偏冷"位置也能得到有效利用，既增加了客流量，又增强了客户体验，同时也盘活了整个企业的生意。

7. 跨界免费营销模式

有些产品的使用是需要搭配其他产品一起使用的，或者只有在使用了其他产品之后，这个产品才能使用，如护发素、手机套、各种电器的配件等。这时，我们就可以利用这个特点，进行跨界免费营销。

将一些产品的其他组成部分免费赠送给客户，一方面可以吸引更多客户，一方面也可以引导这些客户进行消费。

这种跨界的免费营销模式将是一个营销趋势，因为每个产品都不是独立的，与其他产品相搭配才能发挥出其最大的价值。

8. 只收取耗材费用的营销模式

有些产品是需要搭配相关耗材或者需要定期维护和保养，才能够使用的。对于这样的产品，我们可以直接赠送给客户，那么他要使用该产品，就必须要到我们这里来购买需要的耗材或者做后续的保养。这样既吸引了客户，又带动了耗材产品和服务的销量。

9. 后期免费维护与保养模式

也有一些产品后期需要进行维护和保养，但是花费不高。对于这样的产品，我们就可以向客户免费提供这些后续的服务，如购买化妆品可以免费参加一些关于皮肤保养的课程，购买一些家用电器可以免费清洗等，都是不错的免费营销模式。

10. 参与利润分配的免费营销模式

有些产品的使用是可以不断赚取收益的，我们可以免费提供，但是要获得客户后期收益的一部分。如我们向一家咖啡厅提供免费咖啡机，然后要求分配其后期所赚利润的一部分。

这些都属于免费营销的模式，企业可以根据行业、企业的特点来选择使用。

免费营销是一个发展趋势，让不同行业之间的联系变得更加紧密，同时竞争也更加激烈。这对企业来说既是一次机会，又是一个挑战。只有充分利用好这个机会，才能为企业不断积累用户和赚取利润，才能在市场中生存下去。

借势营销：搭乘"热点"的顺风车

借势营销是指借助一些外部的力量，如媒体的宣传、明星的代言和一些娱乐活动等方式，让客户在不知不觉中融入一个轻松的环境中，去了解、接受和购买我们的产品。简单地说，就是通过顺势、造势、借势等方式，来提高企业和产品的知名度、美誉度，并促成销售。

接下来，我们来看一组在线旅游网站热闹非凡的广告借势"接力大赛"。

2014年，阿里巴巴推出了在线旅游品牌去啊，并打出广告语："只要决定出发，最困难的部分就已结束。那么，就去啊！"而浓缩成一句话就是："去哪里不重要，重要的是……去啊！"

第五章 营销之道：实现业绩增长的终极手段

不料，这一句并不奇葩的表述，竟然引发中国在线旅游圈的集体沸腾，掀起了一场"广告扭曲借力"的狂欢。

去哪儿一看，啊？来抢饭碗了！公关团队马上做出了反应——

"人生的行动不只是鲁莽地'去啊'，沉着冷静地选择'去哪儿'，才是一种成熟的态度！"

紧接着，其他友商也纷纷加入，一场拼公关和营销创意的战役打响。

携程说："旅行的意义不在于'去哪儿'，也不应该只是一句敷衍地'去啊'，旅行是要与对的人携手同行，共享一段精彩旅程！"

京东旅行也不示弱："他们说'去啊'，就去吧；他们说'去哪儿'，就'去哪儿'吧；他们要携家带口慢慢启程，那就这样吧！听从大家的安排，看着重复的风景，一辈子就这样活着，别上京东旅行！"

途家来了："人生旅途，'去啊'和'去哪儿'都不重要，重要的是想走就走的态度，以及不一样的住宿体验！"

接下来，"爱旅行""在路上""百程""驴妈妈""飞常准"都来了：

爱旅行："旅行不只是鲁莽地'去啊'，也不是沉默地选择'去哪儿'。爱旅行，是一种生活态度！"

在路上："不管你是随性地'去啊'，还是冷静地选择'去哪儿'，旅行终究是要'在路上'！"

驴妈妈："鞋子决定行走的距离，不管'去哪儿'，'去

257

啊'，听妈的！"

　　百程："'去哪儿'和'去啊'都很重要，更重要的是，我们的签证！"

　　飞常准："去啊！去哪儿？时间都耽误在路上了……飞吗？常延误吗？准备好飞常准吧！"

　　京东金融也来了："还在犹豫'去哪儿'？你倒是'去啊'！白条在手，说走就走！"

　　后来，甚至连相亲网站也来凑热闹："'去哪儿'？首先你得有个对象……"

通过这一系列借力使力的借势营销，促进了整个中国在线旅游产业的升温。而参与的企业借势营销文案口水战，吸引了足量的关注和曝光，零花费就获得了巨额的营销推广价值。

　　在iPhone6刚上市时，虽然也受到了消费者热情地追捧，但是批评的声音也是不绝于耳，消费者从各个方面对iPhone6进行指责，就连装不进裤子口袋都成了它的一个缺点。

　　消费者的这些指责被一个有心的经销商听到了，他就想出了这样一个别出心裁的方法在店内安排一个裁缝，并挂上了一个大大的招牌，写着"将你的裤子口袋裁剪成适合iPhone6的尺寸"。就这样，原本一家很普通的店面却迎来了大量的顾客，甚至超过了购买苹果手机的消费者人数。

这个案例就是借势营销，要求商家做出的行动不早不晚，正好迎合了消费者的需求时机，从而取得成功。

借势的重点首先是一定要看到、看准当下的"势"，密切关注当前最流行的概念、活动、主题、网络热词、热点事件、新闻事件等，随即思考如何与企业营销结合。一旦有思路，就要立即策划，马上行动。

更重要的是，我们借的这些噱头应当是积极正面的。借势的同时，我们也在推动正能量的传播，这是大众喜闻乐见的。

尖刀营销：集中优势兵力打歼灭战

在中小微企业的成长道路上，资金短缺、资源有限、人才匮乏几乎是常态，"木桶理论"会让企业缩手缩脚，而学院派的多数理论几乎无法帮到我们。

尖刀营销就是要打破木桶理论，要求企业在运营过程中放弃平均使力的策略，集中优势资源做好最容易突破并为其带来最大优势的环节。集中优势资源在营销上有时表现为打造拳头产品，有时表现为树立样板市场，有时表现为培养榜样性的经销商。只要把榜样树立起来，才能将点连成线，进一步扩展成面。有了样板产品、样板市场、样板经销商，然后才会形成系列产品、区域市场和经销商联盟，最终构建完整的产品系列和销售网络，以星星之火，形成燎原之势。

"工欲善其事，必先利其器"，中国的传统智慧蕴含着深刻的营销哲学。我建议中小微企业管理者要有"尖刀精神"，找到成功的突破口，实现企业强大的梦想。

关于操作"尖刀营销",我有几个切身体会:

1. 快速寻找突破口比要求完美的系统更重要

"一只木桶能放入多少水,不是取决于最长的那块木板,而是取决于最短的那块木板。"这个木桶定律一直被大大小小的企业奉为管理名言,并力图在实践中加以应用。不过,当苹果公司在系统兼容性差、接入性差、成本居高不下等众多劣势下,仅仅依靠设计和跨界优势而大行其道之时,木桶原理也不攻自破了。

尖刀营销的存在就是证明木桶理论的不合理性,尤其对中小企业来说,如果一味地去弥补自己的短板,就会错失很多机会,而且这个短板也未必会变长。毕竟,由于中小企业各方面资源都不足,存在很多短板。这时,就不应该只盯着自己的短板摇头叹气,而应找到自己的优点,并将这些优点再次完善,直到能够带动整个企业的发展。

目前,市场竞争如此激烈,我们没有太多时间去追求完美的系统,能做的就是在最短的时间内寻找突破点,让企业得以生存下去。企业管理者应该摒弃追求完美的心理,寻求合适的时机让自己的企业盈利,这样才不会因为对市场的一些改变反应慢而被淘汰。

创业初期的企业就是要不断开拓市场,提高业绩,让自己存活下来。这样的企业就更需要管理者能够对市场中的一些改变做出快速的判断和提出应对措施,利用"尖刀优势"为企业寻求突破点,不应在如何让自己的方案和系统更加完美上纠结,因为我们根本没有时间和实力去解决这些问题。

当中小企业寻求到发展突破口后,也就增加了自己在市场中的竞争优势，离成功也就更近了一步。

2. 从关键点进行突破

"二八定律"我们都很熟悉，其实在企业的运营当中，在找到企业突破口之后，我们也可以运用"二八定律"，即将企业80%的资源用于这个关键点，来打造更具优势的产品或服务，增强企业在市场中的竞争力。这也要求企业一定要摒弃追求完美的想法，只要抓住一个关键点，再从这个关键点出发，找准合适的时机就能获得成功。

目前，市场上有很多企业都利用"二八定律"进行营销，比如，有些企业订立关键销售日和关键销售月，有些特殊企业甚至会订立关键销售年等。有些企业一年的收入都靠关键销售月来争取，在这个关键销售月中，企业势必会拿出大部分或全部资源进行营销。也有一些企业没有销售时间上的限制，而是以产品取胜，利用企业的大部分资源打造一个明星产品，使其作为企业的"尖刀优势"去参与市场竞争，从而为企业赢得更多的利润。

3. 尖刀营销策略关键点

根据多年的营销心得，我对尖刀营销策略做出了一个总结，大家可以参考。

（1）切忌追求完美，从一个关键点上寻求突破一样可以取得成功。

（2）在创业初期，一定要快速做出决策，抢占先机，以免错失良机。

（3）将全部资源集中于一个领域更容易获得成功。

（4）不需要拥有太多优秀的产品，但是至少要打造一个"尖刀产品"，能让企业在市场中具备一定的竞争力。

（5）设计产品时也不要追求完美，而要注重其实用性和独特性，做到优势突出，才能吸引消费者的眼球。

（6）广告的投放也应集中在某个区域，进行密集投放，既可节省不菲的广告费，又能让效果更佳。

（7）所投放的广告不需要将一个产品的方方面面都描述出来，只抓住一个优势进行宣传效果会更好。

（8）如果想不到新奇的创意，不妨承诺给消费者一些实际的利益，这会让你的产品宣传得更好。

（9）时刻关注自己的"尖刀产品"是否被竞争对手超越，并想办法解决。

跨界营销：企业要敢于打破常规

在竞争日益激烈的时代，很多企业难以再依靠某一个行业的产品取胜，只能跨界寻求新的发展方向。跨界具有颠覆性又具有融合性，一旦获得成功，便可以让企业和品牌焕发新的生命力，撬动新的市场。

其实，跨界的情况早已出现，只是人们没有对它准确定位而已。目前跨界行为愈演愈烈，许多大企业和品牌都开始通过跨界来实现强强联合。但是，要实现这样的目标不那么容易，有些企业认为只要将两个不同行业的产品捆绑在一起进行销售，就属于跨界营销，这种想法显然是错误的。

第五章 营销之道：实现业绩增长的终极手段

1. 跨界营销的成功原则

要想跨界成功，获得新生，我们需要遵循以下几大前提条件：

（1）以优化用户体验为中心。

营销的概念早已从过去以企业和产品为中心，发展到现在的以客户为中心，更多强调客户的体验和感受。跨界营销只有基于这一点才能发挥作用。因此，企业应该明白，所谓跨界营销是两个不同行业相结合后为客户带来更完美的体验，并非简单的产品互补关系。为客户带来更完美的体验是取两个行业产品的优点相加，让客户感到更方便、快捷、安全以及节省时间等。

（2）门当户对，资源匹配。

只有两个行业的产品"门当户对"，也就是资源相匹配，这样的跨界营销才会起到最佳的效果，也才能为客户带来最大的便利。如家具企业和装修公司相结合，能够让客户实现装修一站式服务。而如果是卖家具的企业和搬家公司相结合，就不会有这样的效果，反而会让业务变得更加混乱。

（3）品牌效应优势叠加。

品牌效应优势叠加是指结合两个品牌的优势，从而使两个品牌都达到更优秀的状态。就如"英雄配宝剑"这句话的道理一样，如果将"英雄"和"宝剑"视为两个不同的品牌，那么"英雄"只有配上"宝剑"才能体现"英雄"的英武，而"宝剑"只有为"英雄"所用，其威力才能得到淋漓尽致的发挥。

（4）消费群体一致，品牌相互无竞争关系。

跨界营销的成功还需要两个品牌的消费群体具有一致性，且

263

彼此之间无竞争关系。这样两个品牌才能放心地进行跨界营销，不用担心谁抢了谁的客户。而消费群体的一致性在一定程度上又决定了这两个品牌具有相似之处，经营理念也较相似，它们结合之后，消费者自然而然就从其中一个品牌联想到另外一个品牌，彼此的关联性较高。

2. 跨界营销的实施类型

在具体的实施过程中，我们可以在以下四个方面来进行跨界营销：

（1）产品跨界。

一个产品跨越多个行业或产业，同时满足客户的需求。比如防脱、排毒、醒脑洗发护发产品以及减肥香皂、排毒沐浴露等，就是化妆品行业与药品行业的跨界结合；许多采用天然植物研发的抗衰老护肤品，是化妆品行业与保健行业的跨界结合。

（2）渠道跨界。

渠道跨界是指一个品牌通过跨越之前的渠道，而获得其他渠道消费者的一种营销方式。这样的跨界方式能够让企业获得更多的消费者，从而让销售渠道更加广阔。华帝和创维两个品牌的跨渠道营销就取得了不错的成绩，他们互相分享资源，形成了一种渠道共用的局面，使双方在销量上都有很大的提升，也加强了各自品牌的影响力。

（3）文化与地域之间的跨界。

不同文化也可以实现跨界。每家企业都有自己独特的品牌文化，如果能让不同的企业文化进行融合，对消费者来说也有一种很大的吸引力。例如，鲁酒借助具有儒家文化的孔府家酒，而为消费者所熟知。

另外，不同地域之间也可以实现跨界，曾经风靡一时的小糊涂仙酒就是借助茅台镇而迅速火爆起来的。文化和地域之间的跨界能够快速激活产品，提升产品的品牌价值，从而在各自的消费群体中赢得支持。

（4）"打劫性"跨界。

打劫性跨界就是通过跨界去占领他人的市场领域，抢夺客户。这种跨界方式目前争议很大，它既能让一些企业迅速崛起，同时又使另一部分企业损失惨重。

中国移动和中国联通在移动通信领域一直从未有任何对手，而现在它们的话费收入增长却受到了挑战。为什么？随着移动互联网技术的发展，不少通信工具受到热捧。腾讯推出的即时通信工具微信作为最受欢迎的即时通信 App 之一，抢走了原来移动和联通的不少业务量。

可以预见，这样的跨界在未来的商业领域中将越来越多。对企业来说，这是危机，更是机会，我们要么是被"打劫"，要么是主动跨界"打劫"。

3. 跨界营销的引爆点

（1）娱乐话题。

娱乐话题一直都是人们喜欢谈论的话题之一，它能让人们获得轻松、愉悦的体验。如果企业能够策划具有娱乐性质的营销活动，势必会让消费者更快、更乐意接受企业的营销宣传。例如，凡客诚品此前的"凡客体"路牌广告的创意，充分调动了网民的娱乐精神。

(2)客户利益。

跨界营销的最终目的就是要保障客户的利益,这样才能让客户满意,从而支持这样的跨界营销行为。否则,再"门当户对"的品牌进行跨界营销,也会因为客户不买账而导致失败。许多企业为了吸引消费者,送他们一些华而不实的礼品,招致不满,因为他们以为这只是一场"羊毛出在羊身上"的游戏,是在骗取他们的钱。

(3)互动性。

企业与消费者之间进行互动交流,最能够调动消费者的积极性与参与性,也会让企业更加了解消费者的需求,从而更容易引爆消费者的关注点。

小米手机在网络上建立专门的社区供粉丝讨论、交流,不仅增加了粉丝与企业之间的感情,也让粉丝之间的凝聚力更强。企业也能够通过这样的方式,直观地了解市场发展趋势,从而及时做出策略调整。

总体来说,跨界的核心在于创新,企业要有敢于打破常规的勇气和实力,只有从原本的结构框架中跳出来,才能更全面地看清整个市场的发展趋势。当企业能够自己制定规则时,它就站在了一定的高度上,自然就可以看到更加广阔的发展前景。因此,企业要想通过跨界营销活动成功,就要敢想、敢做,利用一切能够利用的资源,让自己获得更多的力量,实现突破性成长。

会议营销:花哨外表下的成功关键

会议营销是引爆业绩、增加产值、扩大影响力最厉害的武器之一，任何一家想要快速提高业绩的企业都应当掌握。本质上，团购会、讲座、社区活动、新品发布（上市）会、答谢会、招商会等都属于会议营销。

模仿是大部分消费行为背后的真正逻辑，这是人性，任何营销策略都是来自人性、满足人性、归于人性。会议营销的本质，就是聚集大量潜在客户，把一切能促进成交的资源整合到活动现场，批量式地进行产品说明、异议处理、销售促成，营造便于客户模仿的氛围，从而达成批量式成交，节约大量沟通成本。

会议营销的成功关键究竟在哪里？衡量会议营销是否成功的唯一标准就是成交量是否达成，我们所有的工作都要围绕提高成交量来着手。

1. 会前

（1）客户的数量和质量。

做一场活动，有质量的客户参加得越多越好。所谓有质量的客户就是对产品有需求、有兴趣，甚至有一定购买意向的客户。我们如果通过在大街上发传单，用礼品拉一群人来参加活动，这些人就不是我们的客户，因为他们是来领赠品，不是来成交的。所以，我们在活动前期邀约客户时，需要选准客户群体，并采取一些措施筛选客户，并确保客户到会。同时，要让客户在参加活动之前对活动主办方、产品和服务有所了解和期待。

（2）物料准备。

活动现场是集中展示企业形象、产品优势、特色服务的场所，需要不同的物料，比如视频片、各种展架、样品、工艺说明等，这些都需要提前制作。

（3）广告。

无论是线上还是线下广告投放，会议营销的广告绝不是企业和产品形象展示，一定要有明确的活动主题、时间、活动、福利、报名方式等信息，做具有邀约性的、能激发受众立即采取行动的广告。

（4）人员推动。

有些企业做活动，花很多时间不断修改活动方案，好像只要活动方案做得不错，活动就可以成功了一样，这真是极大的讽刺。

我的切身体会是，会议营销成功的关键，从来都不是活动方案，而是人！一样的活动方案，不同的企业、不同的团队来操作，结果天壤之别。活动方案能够发挥差异化的地方有限，人和团队落地的差异化，才是最大的差异化！

无论什么样的活动方案和策略，最终都是交给人来执行落地的。特别是大型的会议营销活动，不光是企业营销部门的事情，更要调动企业全员的力量。如果我们不能在活动前激发整个团队对活动的热情，没有做好活动的过程管理，再好的方案都做不出效果。

所以，在活动前期，我们应当针对团队和个人做一些激励性方案，引爆大家的热情，并通过培训使全体参与人员掌握行动要领。

2. 会上

（1）流程和氛围。

成交是会议营销的关键，活动现场一切为成交服务！这就要求活动流程要尽量精简，太多流程和节目会把销售主题冲淡，让客户厌烦。

我们还要在活动现场营造适合成交的氛围，现场的音乐、人员的配合都要有精细的规划。活动主持人是氛围的核心营造人，有销售经验的主持人是最佳人选，所以我一贯建议企业内部培养这样的主持人是最理想的，客户基本上不会因为企业请电台电视台的大牌主持人就愿意成交。

（2）销讲。

销讲即在现场进行销售式讲课，这是活动现场成交的关键。有不少企业做会议营销没有这一环节，仅凭主持人营造气氛，销售推动力也是非常有限的。

销讲的本质就是一对多的销售沟通，即一对多的谈单。要找一个把产品和活动介绍清楚的人并不难，但要找一位优秀的销讲师，让大家听完他的话后就愿意成交并不容易，销讲需要有丰富的经验，对人性、对消费者心理、对产品有透彻的理解。

我一贯主张企业管理者必须成为自己企业的销讲师，这是企业持续增长最便捷的方式之一。有很多成功的企业，如苹果、百度、小米、格力等，他们的 CEO 就是企业的销讲师。

（3）客户见证。

客户见证是客户对企业的认知，是对企业产品或服务的营前服务和售后服务的客观评价。企业可以在活动现场安排老客户发言环节，与销讲配合，引发潜在客户的购买欲望。

(4) 人员攻单。

基本上每场活动的销讲一结束，就会有客户主动成交。不过这是远远不够的，因为从人性方面来讲，每个人都是需要被推动、被激发的。所以，我们在现场需要安排专门的攻单团队，在销讲环节后来引导客户成交。

企业如何培训攻单团队？就是要把活动政策以及成交的好处、理由等全部编排成话术，让大家背熟。

3. 会后

总有一些客户在活动现场不愿成交，但在会后又成交了。所以，如果我们活动结束后就不再跟进客户，就等于失去了很多成交机会。

一是要回访成交客户，鼓励其转介绍；二是要采访未到会客户；三是要回访到会未成交客户，竭力促成交易。

总结一下，会议营销的成功要掌握以下原则：

一是简单：精简流程，抓住成交关键点，去除与成交无关的要素。

二是容易：让团队能轻松复制流程、签单，有标准的流程和话术。

三是轻松：营造轻松的氛围，使客户放松，更易成交。

四是快速：现场成交速度要快，不要签署过多的纸质文件，流程要简短。

五是低风险：最好是给客户提供诸如零风险退款之类的保障，降低客户成交风险。

六是投入少：建议不要做动辄投资数万元、数十万元、牺牲利润赚吆喝的活动，这样"抽血性"的活动成功还好，不成功企业则可能会元气大伤。我们应该低成本、小投入、经常做活动。

在实际操作过程中，成功的会议营销还有很多地方需要细化，碍于篇幅，我在这里不再详述。

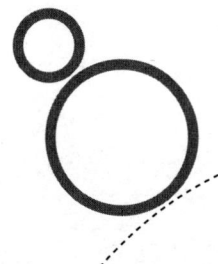

第六章 客户管理：企业不断壮大的重要原因

现代管理学之父彼得·德鲁克表示：企业的目的就是创造客户。客户是企业利润的源泉。在当代市场经济条件下，客户及其需要是企业建立和发展的基础。如何更好地满足客户的需求是企业成功的关键。

第六章　客户管理：企业不断壮大的重要原因

管理客户数量和质量，把控销售行为的有效性

客户的数量与质量是营销过程管理的两个核心因素，数量就是确保每天接待或拜访客户的数量指标，质量就是保证数量的有效性和推进性。在网络营销中，数量相当于到访量，而质量就是转化率。

1. 客户数量

客户的数量达到一定程度才能确保业绩有序、稳定地上升。很多管理者和销售人员只关注高质量客户，却忽视客户的总体数量，以为只要服务好大客户，好的业绩就不在话下。

事实上，这是一种风险极高的行为。如果客户的数量过少，一旦所谓高质量客户出现问题，业绩就会大幅下滑，甚至毫无补救办法。因为要在一时之间从陌生人中开发出一个高质量客户简直堪比登天。但如果我们有足够数量的客户储备，从现有客户资源中开发一个高质量客户的难度系数就会低很多。

所以，对于销售工作来说，客户数量是最根本的保障。具体来讲，客户数量的管理包括两方面，即客户开源量和客户跟进量，需要我们及时关注和追踪。

客户开源量通俗点讲就是客户开发量，是指接待和拜访的客户数量。这个数量必须形成一种惯性，每天或每个阶段要达到多少，从而保证这一数量的充盈和延续性。客户开源量就像一条河的源头，只有源头有源源不断的水流进来，才能保障这条河绵绵不绝。所以，客户开源量是销售力持久的根本保障。

确保客户开源量最好的办法就是每天或每阶段都对数据进行

记录、考核和追踪，从而强化销售人员的开源意识，想尽办法多开发一些新客户，而不是"躺"在功劳簿上"睡大觉"。

客户跟进量就是过程量，指在上一次考核数据的基础上，对每天或每阶段推进工作的检查和控制，也是对销售进行一个方向和进度的引导和管理。并不是简单接触开源新客户就可以了，我们还要加强培育，促使客户不断进阶，一步步从小客户变成大客户。在这个过程中，最好的管理方式就是表格化。随时跟进和盘点销售人员手中所掌握的客户资源情况，有多少客户已经成交，有多少客户可以跟踪培育，有多少可以促成交易等。

将客户开源量和客户跟进量进行对比分析，就能有效测评和把握销售团队的市场开发能力和维护能力。两者相辅相成，共同提升才是根本。如果只是关注客户开源量，而忽视客户跟进量，会导致销售工作只停留在表面，看似有很多潜在客户，实际能成交的很少，也就难以有好的结果。而如果一味地只关注客户跟进量，却忽视客户开源量，就会导致源头失去"水源"，最终销售力枯竭。

所以，很多优秀的管理者都会采用"销售漏斗"这个工具来对销售过程进行监控和管理。销售漏斗是指将每一个阶段销售机会的数量都用横条图表示，阶段最靠前的在上，由此往下依次排列。因为在一般情况下，越靠前的阶段，销售机会的数量越多。比如，定位目标客户的时候，我们会觉得符合我们定位的客户都有成交机会。但事实上，经过对客户的进一步发掘，到下一个阶段——发掘客户潜在需求的时候，我们会发现，目标客户中的很多人都没有需求，那就会筛选掉一批客户，有成交机会的客户数

第六章 客户管理：企业不断壮大的重要原因

量自然就会减少。随着每一个阶段的推进，有成交机会的客户数量会越来越少。所以，最后形成的图形就像一个漏斗，也被称为销售漏斗图。

有些企业的销售部门画出来的销售漏斗图却像葫芦，漏斗中间有个细颈。这是因为销售人员虽然注重客户开源量，却忽视了客户跟进量，导致有成交机会的客户数量急剧减少。所以，销售漏斗图是能最直观看出销售数量是否出现问题的工具。

2. 客户质量

对客户质量的管理也可以细分成两个方面：一方面是销售人员质量，一方面是客户质量。在销售管理工作中，任何一方面的质量出现问题，成交量都很难提升。

（1）销售人员的质量指销售人员的销售技巧、专业知识、职业水平等是否达到一定的高度。不同的销售人员去接触同一个客户可能会出现截然不同的结果，关键就在于销售人员给客户留下的印象如何，包括引导技术、成交技术如何等。

所以，对销售人员的质量进行及时跟踪和提升，是销售过程管理中非常重要的一环。我建议企业要随时安排一些有针对性的培训，解决销售人员遇到的问题，不断提升其质量。

（2）客户质量指客户是否意识到其对我们的产品和服务有需求，包括需求的迫切性、支付能力和购买意愿等。

很多销售人员浅显地认为，只有那些有明显需求且可以成交的客户才算是质量比较好的客户。事实上，需求还分为显性需求和隐性需求。

市场上有显性需求的客户往往只占目标客户的 1/10，还有 9/

277

10 的客户有隐性需求，我们很难一次就发现，甚至可能连他自己都没有意识到。所以，要想真正提升销售业绩，我们必须深度开发这些有隐性需求的客户。

作为管理人员，绝不能以为只要关注有显性需求的客户就可以了。这将直接导致我们管理的销售人员完全忽视有隐性需求的客户。同时，为了更好地发掘、培育具有隐性需求的客户，我们还要对销售人员的同理心、亲和度等方面的素质进行引导、训练和培养。

我们要把上面这些所有相关要素进行量化，变成具体、明确的数据来定时检查、督促和推动。数量和质量的管理，就是对我们销售行为的有效性进行把握和监控，从而去除无效的行为，放大有效的行为。数量和质量同时有效提高不是叠加的效果，而是相乘的效果，必然使业绩倍增！

树立一个共同的"敌人"，把客户拉拢过来

什么时候能让一群人团结呢？就是当我们面临一个共同敌人的时候！有一个敌人要对付"我们"，所以"我们"需要团结起来。这个"敌人"是外面的"敌人"——你要寻找一个大机构、大公司或者一群人作为你的"敌人"。"我们"是谁呢？"我们"就是你和客户。

这个理论很简单：有时候，人的痛苦和困难都是我们自己造成的，但是我们不愿意承认。所以，我们要告诉客户——你的现状是有问题的，这个问题隐藏着很多痛苦，但你的痛苦不是你自己造成的，而是"他们"造成的。然后我们找一个第三者，找一

第六章 客户管理：企业不断壮大的重要原因

个替罪羊，树立一个"敌人"，顺便把客户团结起来、拉拢过来！

"如果你的记忆力不好，这不是你的错，这是你的老师造成的，因为他教的记忆方法有问题！"

"如果你的身体不健康，身体很差，根本原因不是你的饮食有问题，这是很多医疗机构拼命向你兜售一些药物造成的！这些药物都有毒副作用，但是他们不会善罢甘休，他们有巨额的资金，会不停地做广告，拼命地向你兜售，为什么呢？因为他们能够从中牟利，赚更多的钱。所以，我们的痛苦是他们造成的，他们在我们的痛苦中得到了巨大的利益。"

你看，当你把想象中的敌人树立起来的时候，你和客户自然就团结在一起了，然后你再说服他们去购买其他产品就很容易了。

这个策略的大意就是：有这么一群"敌人"，他们的目的就是想给你制造痛苦。你可能不知道，其实我也不知道。直到有一天，我在做调研的时候，突然发现了这个事实，之后我便夜不能寐，甚至日日受良心的谴责和感召，我必须揭露他们的目的，我要用我的产品来对抗他们！也就是说，我完全是为了你的利益才和他们对抗的，我们是一伙的！

比如，我曾经把"他们"定位成一些做传统培训课程的人。

为什么咱们中小企业打了这么多广告，学习了那么多方

279

法、却无法赚钱、无法有效快速地提高业绩？你们认为是因为自己不懂营销和企业运营吗？

不，你错了！其实这都是学院派的某些教授、一些缺乏实战经验的大师的错！他们在向你兜售一些根本就没有效果的、根本不适合中小企业的"品牌营销"和"成功学"课程！

他们为什么要这么做呢？因为他们要从中获利，他们要让你永远投广告、忽悠你们，要让你崇拜他们。我认为这样的日子必须结束，必须停止，我们要做"对结果负责"的事情，"对结果负责"的培训课程！（当然，我在这里说得有些偏激，但实际上确实存在这种现象。）

我和其他培训师是不同的，我愿意先贡献价值，于是把价值好几万元的课程写成这本书呈现给你，直到你认识到我们的价值，然后自然会有人愿意和我们成交。

可有些培训师不一样，他们把自己的"宝贝"藏起来，希望不断地卖给你，重复地卖给你！他们为什么这么做呢？因为这样他们可以赚更多的钱，在他们的理念中，似乎不给予就可以收获价值、获得报酬。这是错的，这样的行为应该停止了！

这样的例子还有很多，是很多企业营销的惯常手法。

在每一次新产品发布会上，乔布斯都要找一个"敌人"。

他说："你知道吗？这个世界有一个巨大的魔鬼，就是微软公司。他们要用没有情调的、没有档次的软件和设计，去统治这个世界。我们不同意他们的做法，我们是有档次、有品位的，我们要拒绝微软的侵袭，停止微软的垄断。"

又比如他在 iPhone 发布会上说："所谓智能手机到处都是，但是它真的智能吗？不是，它在把你们变成傻瓜！看看这些智能手机吧，有哪一个是真正的智能，它能做到这个吗？它能做到那个吗？但是这些大公司不停地生产这些手机，为什么？因为这让他们赚了很多钱，我认为现在他们应该停止了！"

这是乔布斯的风格。每次在新产品发布的时候，他肯定要找一个"敌人"，这个敌人一定是这个行业知名的公司。为什么呢？就是为了激发人的对抗心理。

树立敌人，就是为了通过对比突出自己，笼络客户，组成团结战线，塑造自家产品的与众不同，为产品的横空出世造势。

描绘客户心中的梦想，赢得客户的信赖

人对梦想的追求是永不停步的，企业管理者不仅要向员工兜售梦想，还要能够知晓客户心中的梦想，这样才能赢得客户的信赖。

为了达到这个目的，我们就必须站在客户的角度感受一切，包括他的渴望、他的困惑、他的挑战、他的苦恼、他的心态等。

在与客户第一次接触时，我们谈论产品价值不要仅仅盯着一个很小的问题翻来覆去地说，而是要给他描绘一个更宏观的价

值——产品将会为他的生活带来怎样的改变。

我们要列出这些变化，比如客户将得到哪些具体价值，他的情感会发生什么样的变化，他的身份有什么样的改变等。我们还要不停地提醒他："我们是在为一个共同的梦想努力，我们是一起的！"

我们若能描述出客户想要的，之后，便可以告诉他，如何一步一步走上梦想的台阶，这就是推进成交的进程，或是一次又一次购买的过程。这种描述容易让客户产生共鸣，因为每个人都在思考自己未来要实现的梦想，但是总想不清楚，总感觉模糊，如果这时候有人用简单的语言告诉你："你需要的就是这个梦想，就是这个方向！"这对他的推动力将是巨大的，正所谓"信则定，定生力"！

描绘梦想也是奠定重复销售成功的基础。假如没有这一点，我们后续的每一次销售都相当于从头开始，要花费很大的精力。

所以不管我们是写文案、策划广告，是产品运营、价值塑造，还是销售沟通，都必须让别人知道他将得到什么，最好是让他自己能通过语言能联想到这个画面。

描绘梦想的时候需要注意以下几点：

（1）要有视觉冲击。

研究发现，我们的大脑在处理信号的时候，对视觉信号有特殊的偏好。所以，我们在描绘梦想的时候，一定要给客户一定的视觉冲击力。视觉冲击力是给他看图片吗？当然不是！是让他通过文字产生画面的联想，这样联想出来的画面才是客户自己想要的。所以，我们要善用一些视觉感官用词，比如，看见、发现、清楚、燃烧、揭露、呈现、景象、明显等。

（2）要情感化。

在描述梦想的时候，我们要通过表达自己的感受来和对方进行交流，因为我们和产品都是可以有感情的。比如我们可以为产品取一个小名，或设计一个卡通人物，比如海尔电器的品牌象征就是穿着内裤的海尔兄弟，朱氏药业集团的品牌象征就是"龙小吉""龙小妙"。

（3）要身份化。

人的需求可以简化为三个层次：利益、情感和身份。我们在帮客户描绘梦想时，也需要给客户一种身份。实际上，我们每个人都希望成为更好的自己。所以，我们就应该向客户描述他购买产品之后，将会成为的那个"更好的自己"什么样子。

（4）要和对方同频道。

我们一定要用客户能够理解的语言去表达。如果客户是一位小朋友，但我们说话时引用经典文学作品、古文，他可能根本就听不懂，也不想听。要用和对方同频的语言来描述他的蓝图，用能刺激对方的、对方喜欢的语言来表达。

做价值塑造的高手，激发客户对产品的向往

很多管理者痛苦于客户总是讨价还价，那是因为他对我们产品和服务的价值不够了解、不够认可。那么，如何向客户描绘我们的产品和服务，让客户感受到价值？

我们可以从以下几方面进行价值塑造：

1. 量化价值

客户购买的不是产品和服务，而是他自己可以感知和认可的价值。价值分为以下两种：

(1) 实际价值，即产品的实际功效和用途。

例如，产品可以为我们增加收入，一个培训课程能够使企业利润增长，这就是实际价值，是可以衡量的。另外，我们还可以减少成本，因为降低成本也是利润增长的一部分。因此，如果我们的产品和服务能够减少对方的成本，并且能够量化，这就是为对方带来的实际价值。

房子可以居住，车可以代步，可以带我们去想去的地方，这也是实际的价值，是具体可衡量的。

(2) 心理价值，即满足心理需求。

每个客户都有尚未实现的梦想和渴望，如果我们的产品能满足其心理需求，那么在客户心目中自然会有更高的价值。比如，好房子、环境很好的小区代表着舒适的生活环境，能使人更放松，这就会达成客户的一种心理满足。

2. 价值标杆

价值如果能量化，那当然非常好，但是如果不能量化，还可以通过另外一种方式来树立价值标杆。

(1) 产品的销售历史。

假如我们的产品在过去曾销售过，而且价格很贵，当时也卖了不少，现在因为特别的原因，价格只是当时的一半。很显然产品的价值已经被衡量过了，过去的销售历史证明了它的价值。

（2）类似产品的销售历史。

有时候我们不一定能找到一模一样的产品去对比，但是大概率会有类似的产品销售过。把这个产品过去的销售价格和现在我们的产品进行对比，就形成了一个价值标杆。比如我可以说，本书记录的这么多的实战策略，在我之前的现场课程上最低要2万元1人的学习费用。而我在这里把这些实战精华都写了下来，大家看看书就可以学习到。这样一对比，我们就可以感受到这本书的价值。

（3）不购买产品或自己摸索的代价。

如果客户什么都不做，也不购买产品，或者选择自己去研发、去摸索，那可能需要花费大量的精力和成本，可能还有巨大的情感代价，比如沮丧、绝望、困惑等。而现在，解决方案就摆在面前，只需要800元、1000元就可以得到了。和你摸索的成本比较，很显然产品的价格很低，价值非常高。

我们也可以跟竞争对手的产品作比较。要强调你的价格比它低，或者虽然价格比它高，但是拥有更多的优势和价值，很多独特的地方是竞争对手没有的。在这里，竞争对手的产品价格就起到了一个标杆的作用。

客户认知产品价值的时候，往往并没有一个绝对的标准，没有一个坐标和参考系，当我们通过价值标杆给了他一个参考系时，我们的价值就很容易被凸显出来了。

3. 原材料和工艺

客户购买的是价值，不是我们的原材料和成本。不过有时候，我们使用的原材料和工艺比较特殊，或者是竞争对手所没有的，我们可以用讲故事的方式，来透露材料和工艺的细节，或是我们的特别之处，客户可能就会产生兴趣，同时也很好地塑造了产品价值。

(1) 材料价值。

产品的原材料很特殊，并且产量非常有限，只能使用某个地方的材料才可以。比如这个品牌的家具必须要使用加拿大的红木，其他地方的都不可以。因为红木产量有限，所以价格很高，而且这种红木的加工要求还比较高，关键是品质非常好，是绝无仅有的。

(2) 工艺难度。

产品原材料的处理很难，工艺非常复杂，每一个步骤都要精确地把握时间，都需要电脑严格地控制，不能有任何的差错。比如一共是29道工序、137个步骤，才把这个产品生产出来。再如，我们的研发人员经过了三年的科研攻关，投入了57人的技术队伍，才研发出这个产品，难度很大等。

(3) 生产难度。

这个产品对生产者要求很高，都是需要有资质认证的，比如说一共要学习10年，而且只有10%的人可以过关。

还有，这些生产者的老师都非常出名，他们都是名师的高徒等。比如很多理发店的发型师都是层层分级的，级别越高收费越高，而且他们还会宣传，他们的老师是国际著名的发型师。而客户看到他们有这么多资质认证时，自然而然会更加信服和放心。

4. 稀缺性

稀缺性是塑造价值的重要手段，我们可以采用以下几个词来

第六章 客户管理：企业不断壮大的重要原因

体现稀缺性。

（1）限量。

这个产品的原料产量非常有限，需要提前交钱预订才能有。

比如，LV 包是限量的，名牌手表是限量的，豪车是限量的，很多奢侈品都是限量的，只要加上"限量"二字就身价倍增了！

连去饭店吃饭的时候，点菜的服务员也会告诉你，这个菜品是限量版的，我们就是上午做一个、下午做一个，你马上就会有兴趣。客户愿意为限量版的产品花更多钱。

（2）限时。

这个产品仅在本周销售，而且仅在每天上午十点钟发售，是有时间限制的。现在很多品牌手机，像"小米"和"华为"都在使用"饥饿营销"的手段，就是这个意思。

（3）限客户。

这个产品只有年收入超过百万的人才可以购买，或者这个产品仅限老客户、新客户、VIP 客户才能购买。这样就会让人觉得这是一种身份的象征，并不是所有人都有资格购买，所以在客户心目中价值自然就更高了。

5. 塑造品牌

如果我们的品牌很久远、很高端，认知度也高，那我们要从品牌的角度来塑造价值。

（1）成立时间。

很多奢侈品、葡萄酒等，都会诉求自己的历史年限等。比如我们是传承 100 年、200 年的老店，我们专注做这个已经有若干年，等等。

（2）服务人数。

我们已经服务了多少人，已经有多少人购买过等，说明我们积累了大量的经验和良好的口碑，帮很多客户解决了问题，给他们提供了满意的服务。从这个数字可以看出我们的服务和品质是可靠的、不容置疑的。

（3）品牌理念。

我们有独特的品牌和企业理念，比如餐厅的服务标准：客户点餐之后，必须在10分钟之内上齐产品，否则客户有权拒绝买单。再比如说家装公司，只要施工出现瑕疵，只要是客户不满意，就无条件砸掉重做等，这样就树立了在客户心目当中的地位。

（4）历史成就。

罗列一下我们的知名大客户或者是明星客户，或者我们获得的行业殊荣和奖励、奖章、奖牌，或者我们获得多方媒体的报道、社会的认同、政府的大力支持……就像很多餐馆的墙上挂满了和明星、名人的合影，让人感觉这个餐馆真的很受欢迎，连明星、名人都那么认可。

善用沟通技巧，满足客户的心理需求

做营销总需要和客户进行大量沟通，包括线上交流、线下面对面交流、电话沟通等。交流就是解释，把我们的价值、主张、流程、原因等一一解释给客户听。客户不会信任他不了解的东西，更不会购买他不信任的东西，而解释就是为了让客户了解清

第六章 客户管理：企业不断壮大的重要原因

楚。每次交流，除了倾听对方外，其余都是我们在作大量的解释。如果我们解释不清楚，客户未必会问，但是他也因此不购买。

有一些企业管理者觉得，企业做了该做的事情了，关于解释、表达的技巧，这个主要就要看销售人员自己的发挥了。我想说的是，这样想等于把企业的销售力置于不可控的境地。靠几名语言表达能力超强的销售人员来支撑企业业绩，这说明管理者本人还没入门！

那究竟应该怎样做呢？快速有效提高企业营销能力，提高全员落地效果的方法，关键一点就在于企业层面必须编撰标准的沟通技巧手册，并把它作为销售沟通的模板，指引大家熟练使用。

有人把沟通技巧简单地理解为说话的技术，我觉得沟通技巧更应该理解为语言的艺术。它既可以敏锐地洞悉人心，也可以有效地动摇客户的心理防线，使客户主动打开心扉。

所以，在产品本身品质的基础上，语言艺术是销售人员开拓市场的必备武器。

所谓话术包括：

- 观察——能帮助我们准确地把握客户身上所表现出来的有用信息；
- 语气——适合场景的语气是客户愿意交谈下去的前提条件；
- 语调——"说的比唱的好听"就是人们对掌握轻重缓

急的说话语调的肯定；

●语法——使用一些催眠式语言，可以减少对方接受我们观点的心理阻力；

●表情——诚恳且丰富的表情可以使客户更愿意投入到谈话内容中；

●眼神——眼睛是心灵的窗口，一双会说话的眼睛可以表达真诚，更能打动客户；

●动作——适当的肢体动作可以增加语言表达的感染力，塑造语言氛围的立体感；

●价值——如果谈话没有突出关键价值，我们就不可能唤起对方的兴趣；

●感情——一场谈话如果仅仅是机械式的问答，没有投入感情，就不会引起共鸣。

我自己经营企业的切身体会：学习沟通技巧是让员工成长最快、让策略和方案落地最容易的方式。所有企业都应该投入精力和时间来撰写全业务流程的话术，并且不断精进，之后还要教导员工背熟，继而才能灵活运用。这是一项投入很小，收获极大的工作！

记住，沟通技巧绝不是忽悠人的骗术，而是任何一个人都需要具备的强大的语言运用能力，这是一种建立在对人性了解和洞察的基础上，对客户生活和梦想的关切，是我们传递价值最直接、最有力的方式。具备这样的能力，你获得人生的成功和幸福将变得更加容易！

第六章 客户管理：企业不断壮大的重要原因

ZS 对客户动之以情，加快其做出购买的决定

客户在购买产品时，很多时候理性分析只占很少一部分，大部分是一种感觉。究竟是这家产品好，还是那家产品好，是买我们的产品还是买竞争对手的产品，光讲道理是无法决定的，让客户在那一瞬间对我们的产品有感觉，销售就成功了。

作为企业管理者，从前期筹划产品形态到整个营销过程，一定要想办法让客户找到感觉。比如让客户感觉进到店里很舒服，或者很喜欢产品的包装，或者喜欢我们传递出的一种特质，或者让客户觉得我们的广告语能够打动他。

就像有时去电信和移动营业厅办理业务，我们看到整个环境很整洁，工作人员的着装一致，办理流程和工作人员的用语也很规范，但我们会感觉他们有点像机器人一样，眼睛不注视客户，眼神中也没有热情，好似没有一丝感情色彩。无疑，这样的标准化是非常苍白无力的。所以，和客户交流不仅要晓之以理，更要动之以情。仅靠标准话术和流程做机械的说明，是不会有感染力的。

因此，在标准化业务流程中，我们必须要投注感情，才会引起客户共鸣，使其有所触动，这样才能使其加快作出购买决定。

中央电视台曾经播放了一则《再一次，为平凡人喝彩》的公益广告，其中的关键因素就是这则广告的诉求击中了人们心中最柔软的神经，引起了观众的情感共鸣，看过之后，让人感觉仿佛说的就是自己。

《再一次，为平凡人喝彩》公益广告片的旁白是这样的：

生活没有彩排，人生也没有彩排。

总会有些时候，满心期待换来的是失望，或者是不体谅。

环顾四周，似乎只有你自己在徘徊。

努力了好像还是看不见希望。

你甚至一度认为，没有人比你更加的不如意了。

渐渐地，你开始不自信、不勇敢、不愿向前。

然而，每当这个时候，你都能在心中听到一个声音，清晰而坚定：

再来一次！

当生活的哨声响起，

再一次！选择责任与担当；

再一次！为成长积蓄力量；

再一次！只为追逐的梦想更近些；

再一次！为了更多人能分享阳光；

再一次！相爱在通往年轻的路上；

再一次！坚守心中的完美。

这一刻，每个平凡人，旧的自我离开，新的自我诞生，成功与否并不重要，因为这不仅仅是为了自己。

我们总会在逆境中汇聚起再一次出发的能量。

这个民族只会越挫越强，这个世界永远欣赏每一个敢于再来一次的人。

再一次！为平凡人喝彩！

广告片中，每一句话都拨动观众的情感神经，或痛苦，或孤独，或失意，或勇敢，或进取……所以，情感渲染是离消费者内心最近的道路。

那么，如何进行情感营销？

首先，我们管理者要有一颗爱心。这不是空话，只有心中有爱，我们才会有同理心去关心别人，发现人们脆弱的神经，发现人们的心理和情感需求。人同此心，心同此理。

其次，我们从产品的命名、卖点提炼到价值塑造话术的编撰；从为员工提供个性化亲情服务培训，到企业内部实施亲情化管理和打造融洽的团队氛围，再到定期组织一些情感营销策划活动；从照顾员工的情感需求，到员工照顾客户的情感需求等，处处体现情感关切和企业的价值取向。

情感营销的本质是优秀企业文化的一种外延，而不是作秀。唯有我们心中有爱，才能用爱去关怀客户，与人分享爱，温暖整个世界。

滴水不漏的成交主张，才能让客户无法拒绝

所有营销活动的最终目的都是成交，而成交需要一个主张。什么是主张？就是我们建议客户可以在什么情况下成交，比如在什么情况下客户购买产品和服务，以及客户怎么付款等。

成交主张是所有营销策略实施的前提条件，它是否有吸引力是营销成功与否的关键因素。所以在我们策划任何营销活动之前，必须要把主张变得很有吸引力，无懈可击的主张才能让客户无法拒绝。

过去，有些手机店销售人员是这样卖手机的：

"这是手机的模型，真机现在还无法看，只有你交了钱才能装电池开机试机。关于质量和售后，这个都是厂家负责的，我们这边交完钱后概不退货，有质量问题你得去找厂家……"

放到今天还会有人愿意购买吗？在这里，不管销售人员用什么样的营销策略都是没有用的，因为这个成交主张本身没有吸引力，你没法为它塑造价值。

很多人的成交主张也许没有这么极端，但是基本上是这样。一个让人无法拒绝的成交主张必须满足客户的心理预期。所以，我们必须想办法找到一个新奇客观、让客户无法拒绝的成交主张。

一位父亲想给女儿买一只狗，他碰到了三位卖狗的人。

第一位卖狗人说："你看这只狗很好，1000元你就可以牵回去，你也看过狗了，你女儿也挺喜欢……"

第二位卖狗人说："你看这只狗非常好，是法国的纯种狗，颜色很漂亮，1000元也很合适。但是有一个问题，你女儿现在看起来挺喜欢的，谁也不知道她明天是不是还喜欢。不过你放心，如果一周之内你女儿不喜欢了，只要你把狗送回来，我就把1000元退给你。"

而第三位卖狗人先给这只狗塑造价值，他先说这只狗是如何值钱，同时他说："你女儿看起来挺喜欢这只狗，但是我不知道她养没养过狗，会不会养狗。为了确保你女儿能够养好这只狗，我会跟你一块儿把狗送到你家，并且在你家找一个合适的地方，为狗搭一个窝。同时，我会准备足够的食物,还会教你女儿怎么喂养。当然,你也不必担心一个星期之后食物吃完的问题,因为一个星期之后我会再来。那个时候,如果你女儿仍然喜欢这只狗,并且这只狗也喜欢你女儿,你给我1000元,我把狗留下。如果你女儿不喜欢这只狗了,那我就把狗抱走,把你家打扫干净。"

你觉得这位父亲会买谁的狗?无疑是第三位卖狗人。

为什么?因为第三位卖狗人的主张让人无法拒绝,简直无懈可击。我们需要打造的成交主张也必须做到这样。

成交的关键是我们的成交主张有没有达到客户的预期,我们的主张能贡献什么价值。我们需要用"直线的思考"去统一我们贡献的价值和客户的预期。我们要给客户讲消费知识,从而引导客户的消费习惯。

好的主张配合好的营销策略,成交才会更加容易。当我们能够拿出无法拒绝的成交主张时,营销水平和成交额会有质的飞跃。

要想赢得更多客户,不妨使用零风险承诺

在营销中,成交最大的障碍是信任,最后的障碍是风险;风险逆转就是极力降低客户购买的风险,把客户的风险转移到我们身上,由我们来承担。

大部分企业第一次听到零风险承诺都觉得自己好像吃亏了似的,不敢对客户体验的结果负责,害怕麻烦,害怕自己的利益受到损害。不过,如果我们想在市场中出奇制胜,赢得更多客户,

应该尝试做出零风险承诺。

零风险承诺一方面是向客户作出承诺，另一方面也是对自己提出更高的要求。当竞争对手根本不敢作出任何承诺的时候，我们却出于对自己产品和服务百分之百的信心，作出了零风险承诺，这本身就是一种超越对手的气度。

事实上，这个世界上就没有什么事情是绝对没有风险的。零风险承诺是我们的一种态度，我们愿意尽可能多地帮客户承担风险和责任，让客户有机会挽回作错决定的损失。

还有一点，在作零风险承诺时，一定要对对方有一点限制。比如，我们玛尔思所有的实战课程都是有零风险承诺的，即在上课期间和上课结束后，学员有任何不满意都可以无条件无理由全额退还学费。但是这有一定的前提条件，学员必须要先付了全款学费才可以进场听课，还有学员必须全程参加课程。

为什么要作这样的限制？很简单，交钱学习与不交钱学习，全程参加和随便听一听，学习的状态和收获完全不同，做不到上述几点的人不是真正想学习的人。我们做相应的限制，就可以把这样的人筛出去。

那么零风险承诺具体如何操作呢？我们可以参考以下几方面。

1. 实施要领

站在客户的角度考虑成交的风险，列出风险清单，然后找出最大的风险，以作出零风险承诺。

比如，家庭装修业主究竟有些什么风险？有材料以次充好的风险，有设计不满意的风险，有施工品质差的风险，有预算无法控制不断追加费用的风险，有装修材料不环保的风险等。

我们要站在客户的角度，找出他的担忧和顾虑所在，然后根据这些作出相应的承诺，并且思考一旦承诺无法兑现时的处理方式或惩罚方式。

2. 准备工作

为了顺利实施并兑现零风险承诺，我们需要细化客户服务流程，使每一个步骤都有可衡量的标准，以便可以评估、检测和验证。并且我们需要对每一个节点进行确认，以及考虑如何比竞争对手做得更多、更好等。

同时，我们需要用一些东西来降低客户的心理风险，如大量的客户见证、大量的成功故事、各项行业认证等，形式包括视频、图片、成功案例集等实物展示。

3. 常用承诺

零风险承诺，可以是7天、30天、60天、90天，甚至是一年之内的无条件包退换等，这是最常用的。我们也可以实行比零风险承诺更好的政策，如退货允许保留赠品、退货赔付补偿金、退货返还双倍购物款、全额退款并赔付信任费等。

家装企业可以作这样的零风险承诺：

"同等品质，差价十倍返还。"

"环保不达标，企业全责处理。"

"设计不满意，全额退还设计费。"

"增项不透明，企业全额买单。"

"施工质量不满意，无条件整改返工至满意为止。"

4. 自身风险

一定要记住：我们不能作出超出自己承受范围的、不可控的风险承诺！

为了降低自身的风险，我们也需要对客户有所要求。比如必须要求客户先付全款或是先付订金，或是必须采取某项具体行动，必须要全程参与等。附加的一些限制条件就像保险公司的免责和免赔条款一样，可以将那些恶意骗赔的人筛出去，降低风险。

5. 实操步骤

当然，唯有行动才可以创造一切！现在就结合企业及行业的特性，做出零风险承诺，并且列出可控的免责条款。注意优化业务流程，量化衡量标准，让零风险承诺更容易落地实施。然后把新政策落地，变成文案和话术，融入产品介绍信息以及广告当中。

以赠品来配合核心产品，加强客户的购买欲

赠品的目的是成交。以赠品来配合核心产品，加强客户的购买欲，加速成交。赠品一定要有价值才能送，这个价值体现在哪里呢？价值就是要有相关性，就是要和我们的核心产品来配合使用。比如家装公司送保洁、送家电、送软装，这就是相关性。

赠品也必须"塑造价值"，因为即使是免费的，客户也不想要一个无用的东西。你要明确地告诉客户，他所得到的赠品可以给他带来什么利益，能帮助他解决什么样的问题。

如何为赠品塑造价值呢？塑造价值不是说东西多有价值，而

是要用一个明确的衡量尺度来描述。比如，你可以说这个赠品是我曾经卖过5000元一堂课的内容，很多人学习后深受启发，给他们的营销和企业运营带来深远的影响，所以它的价值是实实在在的，是可以衡量的。

只有在更大的程度上帮助客户，赠品的价值才能凸显出来。

为赠品塑造价值，需要站在客户的角度去衡量。这样，客户才会认为你的赠品是他需要的，他在购买产品的时候还得到了额外的价值，会有一种物超所值的感觉，才会毫不犹豫地掏腰包，同时还对你心怀感激。

赠品不一定符合所有客户的需求，所以在设计赠品时，要考虑不同客户的不同需求，最好多设计几个赠品，满足不同客户的需求。让所有的客户都能找到他想要的一个或多个附加价值，赠品才能发挥更大的作用。

你卖不掉的产品不能送，因为这些产品不能给予客户他想得到的价值。当客户认为赠品没有价值的时候，有可能他就不会购买主打产品。

赠品和零风险承诺组合推出的时候，会发挥更大的作用。比如，赠品即使在客户要求退款的情况下，也可以保留，这样会让客户的顾虑减少，才会更积极地采取购买行动。

当然，在设计赠品的时候要考虑成本，不能设计成高成本、低价值的形态，要让客户感觉到赠品的价值非常高，但是设计它的成本却不高。因为客户永远只关注产品给他带来的价值，赠品也一样，至于你花多少钱制作这个赠品，客户是不感兴趣的。比如延长保修期、给予特别的售后服务保障、可全程享受

VIP特权、购买之后可以赠送会员待遇、可以免费检测安装调试、可以参加客户联谊活动、可以尊享小型沙龙活动一对一专家指导、可以获得终身免费维护保养服务等，这些都是能给予客户更多的价值和优待，但却不会增加太多成本的方法。

就像玛尔思的营销实战课程——《销售兵法，成交为上》，我们会送给学员九大赠品，这些赠品都是电子资料，包括全年爆破营销活动全程方案模板、谈单话术集成手册、营销团队落地执行的培训资料、爆破营销讲稿等。这些资料都是配合课程落地使用的，非常有价值，学员学习之后甚至可以直接照搬这些文案来执行就可以提高业绩，但对于我们来说，这些赠品因为是电子资料，除了需要不断地升级更新，并没有其他特别的制作成本。

不管你卖什么，都要有教育客户的过程，"教育"本身就是很有价值的。也许你是卖妇孕婴儿用品的，你可以赠送一个"如何照顾好婴儿"的资料。她第一次当母亲，什么都不知道，如果有一个视频把她所有担心的问题都列出来，请权威专家给她辅导，那这个视频本身就很有价值，而对你来说这成本可能很低，你只是请一个专家录上两个小时视频而已。

总的来说，要送有价值的赠品，要和销售的产品有相关性，同时赠品最好有几类可选，最好是和你的零风险承诺相结合，还要低成本。只要把握以上几个方面的对赠品的设计原则，你就能够设计出一个很好的赠品，马上行动吧！

第六章 客户管理：企业不断壮大的重要原因

重视客户的终身价值，使企业的收益最大化

首次成交的客户在后续的持续购买中为企业带来的收益即客户的终身价值。这是企业盈利和发展的最主要动力，因为一个营销方案的收益大部分都是从客户的再次购买中产生的。

企业和客户之间的第一次成交，是客户对企业和产品的测试，企业所得到的收益远远不够前期宣传所投入的成本。如果我们能让客户多次购买，那么后面的销售成本就会逐步降低，企业的收益也会成倍增加。

也就是说，我们不能只看到第一次成交的收益，而是要把眼光放长远。比如客户终身价值是平均 1 万元，而花 100 元的吸粉成本才可以获得一个客户，那么这样的投入当然是值得的，这样就可以控制和衡量我们能承受的吸粉成本。

所以，如果客户的终身价值与企业前期的投入相比比例足够大，我们就可以牺牲掉第一次成交的利润，把握住后面的追售机会，照样能够盈利。

那么，客户的终身价值如何计算呢？

客户的终身价值＝客户的平均交易额×持续交易的次数

客户的终身价值非常重要，如果一个营销方案没有提及这项内容，那么它就不大可能成功。比如，你对一个客户的前期投入是 1000 元，追售给你带来 10000 元的收入，而你却没有关注这个数字，那么你可能就不会意识到后期 10000 元的收入和前期投入 1000 元的关联性。

所以，我们要分析客户的价值有多大，也就是说客户的平均

交易额是多少，持续购买次数是多少。如果能让客户的平均交易额提升1倍，持续交易次数提升1倍，那么其终身价值就会增加4倍。

如何抓住客户的终身价值，我们必须掌握以下三点：

（1）延长客户的生命周期。

这需要我们不断地和客户交流、互动，分析并了解客户的新需求，不断完善产品和服务，进而影响客户的需求、引导客户的行为。

（2）新客户的发展。

任何企业都会出现客户流失的情况，而使已流失的客户重新选择我们的产品比发展一个新客户的难度更大，所以，我们不仅需要建立延长客户生命周期的营销策略，还要建立发展新客户的营销策略。

（3）细节决定成败。

客户的满意度是企业生存发展的关键，提高满意度的关键要从细节入手。一个注重细节的企业，绝对会比只会空许承诺的企业寿命长。

要想获得高额利润，必须把握好三大支点

什么才是增加利润的"王道"？

降低成本？错！这个观念早已过时了。降低成本虽然是企业获得利润的手段之一，但绝对不是主要手段。要想获得高额利润，我们必须从三个方面着手：优化、倍增、续值。

1. 优化：为你的赚钱系统添加动力

优化是什么？优化就是改良，向优秀的方向转化，它是一种

为了更优秀而"去其糟粕，取其精华"的工作。比如你的网站已经有一些流量了，我们可以做出更好的首页、更有吸引力的标题，这样可以让咨询量增加1到3倍。

又如，在过去的成交主张中没有赠品，现在我们增加三个赠品，成交率得到了增加。过去一对一签单太漫长，现在通过会议营销集中爆破的方式，批量式地签单。过去会议营销流程太烦琐，现在作了改善，砍掉不必要的流程，重点加强了销讲的品质等，这些做法都是优化。

再比如，已经购买过产品的客户，你原计划在一个月之后再去追销，成功率可能只有30%，但现在你改成在半个月之内就完成全部追销，成功率提升到了50%。

以前客户购买了产品一段时间，使用了产品之后，你才要求他转介绍。现在，只要成交或者成交的第二天，你就要求他转介绍，客户刚好处于购买的兴奋期，转介绍成功率更高了。这也是优化。

过去你首次卖1万元的产品成交率只有5%，现在你降低门槛，先卖100元的产品给客户，并同时吸粉，成交率高达70%，并且带来了更多后续赚钱的机会，这也是优化。

2. 复制：让利润倍增

复制在这里指利润倍增，即企业在原有基础上，采取一些特定措施，将盘子做大，业绩大幅提升。

比如以前的成交主要是靠一对一沟通，仅在线下或仅在线上，如今变成线上线下一起做，并且结合会议营销的方式，成交也变成批量式了；以前销售工作只在北京开展，现在可以拓展到国内更多的城市去，把模式复制到更大的市场上，这就是倍增。

又或者，过去吸粉的方式主要是依靠媒体广告，后来组建了电话营销团队，结合潜在客户名单来主动邀约客户，还建立了自媒体培育客户，这样客户的来源渠道增加了，质量提高了，利润自然倍增。

3. 更新：变"旧"为宝

更新就是对原有的旧模式进行深挖和延伸，使其潜在价值变现。

很多时候，我们做一场营销活动，可能最后只发挥了其中某一步骤的价值，而其他的价值就被浪费掉了。这个时候，我们与其再绞尽脑汁想新的营销方案，不如对原有的营销方案进行更新，寻找新的机会。

潜在客户第一次接触活动可能没感觉，但也许换另外一天，他再接触到同样的活动说不定就有感觉了。更重要的是，在营销之路上，我们永远都在失去老客户，收获新客户。即使有部分忠诚度较高的老客户存在，也绝不影响你"新坛装老酒"，把原来的营销方案换个花样重新展示出来。

从各方面来说，我们都有很多更新营销价值的机会。但是，要想真正实现利润倍增，我们必须按照一定的顺序来做，即优化—复制—更新。

第一，我们复制的必须是经过优化的东西，是最有可能引爆利润点，从而实现利润倍增的。

第二，当我们复制成功后，实现了一定的利润倍增，再对原有营销方案进行更新，会产生更好的引爆效果。

第六章 客户管理：企业不断壮大的重要原因

所以，把握好以上三大支点，并按照一定的顺序进行实施，就能实现业绩倍增。

不增加成本的情况下，也能实现利润倍增

要想利润倍增，就一定要增加投入？未必！中小微企业的资金有限，显然零成本的利润倍增法更适合。在我的学员中，有很多在零成本的情况下，利润增长三倍四倍、五倍甚至更多的。如果你积极地按照我所说的去做，也会达到这样的效果，零成本倍增利润并没有什么不可能。

那究竟如何实现零成本倍增利润呢？我们可以从以下几个方面着手。

1. 降低成交门槛

从某种意义上来说，即使设置的成交门槛并不是很高，甚至客户能够轻松跨越，他却仍然会用各种借口拒绝成交。你很有可能因为处理不慎而失去一单生意，进而影响自己的业绩。

但是，如果你将客户的价值和你能够为他提供的价值分成几个等级，并且呈上升趋势连成一条线。你会发现，如果你在第一次成交的时候，选择最低的价值，甚至低到只是客户的举手之劳，那么将更容易实现成交。接着，你一点点地增加能够提供给客户的价值，同时逐步要求客户提升价值来配合你。随着客户对你的信任不断加深，配合的力度也会不断加大，利润倍增也就自然达成。

比如，经过调查，你预估客户的成交价值在 10000 元，你计划在认识客户一周之后卖给他一个价值 10000 元的产品。但是，

当你真正实施之后，发现客户并没有像预想的那么痛快，尽管他对你提供的产品有足够的需求，而且10000元对他来说也毫无压力。那么，这个时候，有两个策略可以帮你减少阻力。

（1）降低成交金额。

即使客户可以成交10000元的产品，你也不要操之过急，先将10000元降至3000元。对于首次合作的客户来说，在他还没有感受到你的产品"价值"之前，他更愿意用最小的成本来承担和你合作的风险。所以，相对来说，3000元比10000元更容易成交。而一旦他通过3000元的产品感受到你的产品价值，对你产生一定的信任，后边的追销就会变得容易。这个时候，你再向他销售更大金额的产品就水到渠成。

（2）推迟成交时间。

如果你将原定于一周的成交点向后再推迟一周，那么你就又为自己争取了一周的时间来和客户建立信任。在这一周的时间里，你可以免费为他提供几次产品价值，从而加深他的直观感受以及增加对你个人的信任。当然，这个推迟可以是一天，也可以是一周，甚至是一个月，要根据实际情况来确定。总之，当你在和对方建立一定信任关系之后再进行成交，一切都会变得简单。

2. 扩展客户的"梦想"

前面我们说过，很多人无法用语言清晰地描绘自己的梦想，有可能是他不敢想，有可能是他不确定，也有可能他不能明确未来的方向和目标。

在这个时候，如果你能够用清晰的语言描述他的梦想，就等于把那些隐藏在他潜意识里的梦想激发出来，继而成为他马上就要实现的梦想。

在参加玛尔思实战培训之前,不少的企业管理者对自己企业要发展到什么样的状态,要做到什么样的水平,往往是模糊的,相当一部分管理者甚至是小富为安的状态。

在课程中,我分享了中小微企业发展要经历和跨越的四个阶段,当学员对营销、对企业的运营有了更深入的认识,我也让他们看到了新的机会、新的可能。比如可以开拓新公司,可以业绩翻倍,并且在他们知道自己身处哪一个阶段,下一步应该如何跨越之后,经营企业的动力马上大大增强了。从这一点上来讲,我就拓展了学员的梦想。只要客户的梦想被拓展了,新的成交机会就会显现出来!

3. 优化销售流程

"销售流程"非常关键,贯通的是整个"吸粉—培育—成交—追销"的全过程,它的基础是"贡献价值"和"兑现承诺"。

如果你第一次的承诺是送给客户一个免费的资料或礼物,结果你却没有做到,也许你认为"最好的东西应该留在最后",但是你已经犯下了一个巨大的错误。要知道,一次承诺没有做到,就能毁掉客户对你的信任,如果你一开始就不能让对方产生信任,不能让对方坚信你能够创造价值,那就等于你根本没有后端的机会。

所以,你首先必须把目前"最好的东西"展示给客户,建立初步的信任关系,然后再挖空心思创新产品价值,继续为客户提供"最好的东西"。你只有不断地为客户贡献价值,不断地完善客户的梦想,实现客户的梦想,才能够拓展客户的梦想,从而实现更多的成交。

一旦你做好销售流程中的每个环节,使其成为完善的系统化流程,你就已经为自己搭建好了一个初步的"赚钱系统"。销售最理想的状态是,所有的"流程"都进入系统化阶段,而这个系统也可以不断优化。一个客户进来之后,根本不需要总经理、总监来处理,任何一个普通员工都知道该做什么、不做什么。

4. 追踪客户,持续提供价值

追踪客户是挖掘客户价值最直接也是最有效的方法。

不要把"追踪"想得多难,其实"追踪"要比"吸引"容易得多。很多人满世界寻找潜在客户,但是潜在客户就在自己的数据库中,他却不去追踪、不去提供价值。在他们的概念里,似乎"潜在客户"就应当是一个陌生人,半小时、一小时就能搞定、就成交了。错误!你需要不断地追踪,而且你的追踪要从成交之前开始。

追踪是销售流程中的重要部分,要注意采用正确的策略。

- 选择和别人不同的追踪方式,让客户记住独特的你;
- 为自己寻找一个完美的追踪借口,同时这个借口有利于客户;
- 分配好两次追踪之间的间隔时间,不要太短也不要太长,2~3周最合适。

每次追踪都不要流露出想从客户那里得到利益的强烈渴望，你必须调整自己的姿态，试着帮助客户解决问题，了解客户最近在想些什么、工作进展如何，让他真正体会到你是能为他创造价值的人。

5. 不断测试

本书总结的技巧，对每一个行业都适用，因为这些我曾成功试验过。但是对你究竟能起到多大作用，这要靠你去行动、去使用，只有行动才能改变和成就一切。每个人行动力不一样，效果也因人而异，所以你要不断测试，才能知道通过这些策略、技术，能获得多大的成功。

比如说，零风险承诺肯定有用，但是到底有用到什么程度，这需要靠你的行动寻找答案。也许这个技术有七八倍的潜力，但你没有去测试，没有去优化，只发挥了两倍的效益，那就是损失。

还有一点，不管你是多么有经验的营销专家、高手，你都没有权利也不能去决定"市场需要什么""市场对什么有响应"。市场永远不会围着你转，只有你围着市场转，看清市场，才能决定采用什么样的策略和技术。

比如你写了两个广告标题，你认为标题 A 比标题 B 好，实际上市场反馈未必如此，因为你不是客户。但你可以请 200 人去看，最后看反馈。通过这样的测试，你就会得到满意的答案。

每一个环节都可以优化，而测试是优化流程最好的办法。比如做电话销售，我们制作了 A 套脚本和 B 套脚本，不知道究竟哪个好，这时你可以进行测试。你可以用 A 脚本打 50 通电话，再用 B 脚本打 50 通电话，很快你就知道哪个脚本更好用了。

测试是了解客户真实需求最好的方法。无论你自认为如何了解客户，你也绝对不是他肚子里的蛔虫，事实永远会出人意料，所以，你最好坚持做测试，事实会给你想要的答案。

6. 研发新产品

当客户的需求进一步深入，想进一步得到帮助的时候，当你现有的产品无法满足客户，无法帮助客户继续实现他的梦想时，你就需要不断地研发新产品。

如果你第一次交易不成功，你可以继续向他销售另外一个产品。但你也可以采用别的方式，比如进行新产品的研发。

当然，如果你觉得研发新产品耗费的时间、精力和金钱太多，也可以选择对现有产品进行全新的拆分和组合；把一个产品拆分成两个产品，或者把两个产品组合成一个产品，为客户带来全新的价值和体验。

你必须记住一点，客户购买你的产品是希望获得价值，所以，只要你把关注点聚焦在"为客户带来更高的价值"上，那么，你对产品所做的任何创新都将为客户所接受，甚至会为你带来意想不到的惊喜效果。

以上六个技巧如果使用得当，任何一个都能让你实现零成本利润翻番，甚至增加好几倍。如果能够灵活地进行组合使用，你就不必再费尽心思，甚至花费大量的营销成本，仍然为利润无法增长而发愁。

线上线下双向借力，O2O 模式立体爆破

O2O 是大家都很熟悉的概念，指的是将线下的商家服务与互联网结合起来，让互联网成为线下交易的前台，把线上消费者带到现实环境中去，让用户在线支付或预订线下的商品和服务，然后到线下去享受服务。从线上引流到线下，把线下的信任转移到线上，O2O 模式就是把互联网与线下服务完美结合，实现互联网落地。

我在这里要和大家分享的 O2O 立体爆破的营销模式，就是在 O2O 的基础上，调动团队全员，将所有的客户数据、所有的营销渠道、所有的传播媒介整合起来，对目标客户进行全视角、立体式的营销覆盖，帮助企业打造多渠道、多维度、全方位的立体营销网络，再加上会议营销来进行集中爆破成交。

我曾帮助一个医药企业操作过一场 11 周年庆的活动，创造了两天成交产值 6000 万元的行业纪录，用的就是 O2O 立体爆破营销模式。

在前期邀约时，我们用上了所有能想到的渠道，并且要求每个渠道的客户都尽可能付一部分订金，起到提前锁客的作用，形式包括精准名单电话邀约、电视报纸户外广告邀约、企业自媒体邀约、合作方材料商邀约、企业官网以及淘宝网线上邀约、老客户转介绍邀约、重点小区驻点宣传邀约、店面蓄客邀约等。通过全渠道、全媒体平台的邀约，尽可能找到更多的目标客户，而通过前期支付订金锁定更多高

质量客户,确保了成功活动前期最重要的两大要素:客户质量与到会率。使这场活动的到会率高达90%,远超行业平均水平。在活动现场,之前进行过多次话术演练的谈单团队配合我的现场销讲,其成交量起到了立竿见影的效果。

下面分解来看,O2O立体爆破需要遵循哪些操作思路呢?

1. 多种流程交叉进行

有的活动是为了吸粉,有的是为了成交,有的是为了锁销(锁定销售)。多种流程交叉进行,我们可以实现"吸粉、成交、锁销"这三个行动连续进行。比如我们可以通过三个不同的吸粉主张,把潜在客户吸引过来,然后我们给他们三个不同的成交主张,之后再把他们导到一个相同的锁销主张上。

假如,你是做网上销售的,你可以用三个赠品来吸粉,或者通过三个不同的关键字来吸引流量,接着进行第一次成交。比如你送给潜在客户一个代金券,不管潜在客户买什么东西,最后你都把他导到一个固定的追售网页上。也就是说,我们让这些吸粉、成交、追售的流程交叉起来,让彼此可以相互配合。为什么?因为你的客户通常会有不同方面的需求,我们需要用不同的东西来抓住他!

又比如你是做美容产品的,你可以用祛痘、去皱、去斑等不同的产品来吸粉,不要只用一种,因为不同客户的兴趣点不一样。但是到最后,你都要实现锁销,把客户"锁"到充值卡上,这就是立体组合,几个销售流程交叉进行,配合使用。

在这里要注意,这种促销组合一定要有一个流程图,不管你是在线上还是线下做，都需要它，避免出乱子。

2. 各种主张同时进行

比如，我们在多个"鱼塘"同时吸粉，在电视、报纸、门户网站、社区论坛、搜索引擎等地方做广告"吸粉"，这些不同的媒体所带来的潜在客户的质量、需求点是不一样的，所以你不能只用一种"吸粉"主张，而要善于在不同的渠道用不同的主张。在电话邀约、面对面沟通时，可能这些主张又不一样了，要懂得适时调整。

3. 多种销售手段并用

全渠道、全媒体立体爆破，就是要用上你所能想到的，或者验证过有效的任何销售手段。比如积极尝试"自媒体+线上预订"的方式，自媒体长期影响潜在客户的思维，培育客户信赖感，到了一定的阶段，你只要给他一个恰当的主张，再配合零风险承诺，他可以直接在线上付款预订。以前总是你去找客户，现在，能不能让客户主动来找你？又或者，除了传统的媒体宣传、电话营销的手段之外，你可以再制定一个老客户转介绍的机制，利用"病毒营销"的手段，加大口碑营销的力度，找到新的增长点。

4. 系统化、自动化

其实很多时候，只要你有客户名单，只要你有想法，只要你想促销，你就能赚钱。只要你能够给客户适当的主张，就会有人购买。每次我们邀约客户，或者是建议客户成交，我们都需要有一个理由，这个理由就是主张。有时候你没有销售，是因为你没有给客户合适的成交主张，只要你给客户主张，只要你去追售，你的后端就会有钱赚，当然，前提是你的产品和服务质量过关。

所以，你的主张需要系统化、自动化、持续化！

有一次，一个化妆品企业管理者问我："朱老师，这段时间市场清淡，我真的找不到主张和理由……"

我问他："你前阵子不是和我说，你想把店面的谈单区做一下装修拓宽吗？"

他说："是的，早已经动工，现在都快竣工了！"

我说："主张有了，你可以立即做'店面升级重装暨VIP服务升级特权抢订'。还有，你不是说，你结婚两年了吗？你还可以做'公司老板结婚两周年纪念日，限时底价特惠'。你的孩子不是刚满月吗？你还可以做'企业管理者孩子满月，养颜红包大派送'……"

他恍然大悟，从此每周每天都有活动理由和成交主张。

思维一转变，你会发现有趣的事情那么多，何愁找不到理由呢！